SONNENBUCH

Für meinen geliebten Papa
Bruno Thali

1938–2018

PATRICK THALI

SONNENBUCH

EXISTENTIALISMUS

Bibliografische Information der Deutschen Nationalbibliothek:

Die Deutsche Nationalbibliothek verzeichnet diese Publikation
in der Deutschen Nationalbibliografie; detaillierte bibliografische
Daten sind im Internet über http://dnb.dnb.de abrufbar.

Satz, Umschlaggestaltung, Herstellung und Verlag:
BoD – Books on Demand

ISBN: 978-3-7494-0386-8

Weil es so schlicht ist,
schlicht und wahr.

INHALT

TEIL 2   SONNE   85

TEIL 3   E WIE ENTFREMDUNG UND
**   EXISTENTIALISMUS   153**

VORWORT

Lichtverhältnisse

Die Sonne und das menschliche Denken. Wir können diesen Zusammenhang kaum je abschließend behandeln. Die Sonne ist das größte Abenteuer für den Menschen. Auch eine mentale Kraft.

In der Sonne sind wir ruhig. In der Sonne sind wir dort, wo uns die Unruhe hintreibt. In der Sonne können wir gut arbeiten, wir sind durch nichts mehr abgelenkt. Erst in der Sonne sind wir der Welt nahe, sind wir ganz bei uns.

Der Vorteil einer Stadt, die nicht zu hoch gebaut ist: Es gibt Licht in ihren Straßen, es ist hell. Wo Licht ist, werden menschliche Verhältnisse nicht überschätzt.

Licht ist stärker als persönliche Sorgen oder Ambitionen, es gibt dem folgenden, schlichten Gedanken Berechtigung:

Mensch, du musst nicht verzweifeln! Gehe in die Sonne! Lege im Licht dein Hadern ab.

Die Spannung aufzuzeigen zwischen einem Individuum und der Gesellschaft bringt nicht viel. Jeder hat diese Spannung in sich und muss mit ihr leben. Eine positive Botschaft zu vermitteln, bringt etwas. Eine positive Botschaft? Das Aufzeigen einer Lösung, eine Bejahung der Umstände, des Annehmens des eigenen Schicksals. In etwa so: Ich gehe in der Sonne und ich kann dieses Gehen in der

Sonne genießen; es versteckt sich darin keinerlei Form von Ressentiment.

Sommer 2019   Patrick Thali

DER EXISTENTIALIST

Der Existentialist ist nicht immer souverän. Er hat Ängste und Sorgen wie alle. Aber er verneint seine Malaise nicht. Er will sie orten, einkreisen und benennen. Er will Tabus brechen. Und er bricht sie, indem er sich ihrer annimmt und sie bezeugt. Er gibt damit seinem Leben eine „positive Drehung" und Dynamik.

Der Existentialist bejaht sein Leben. Der Akt des Bezeugens belebt ihn. Er greift damit in die Geschehnisse ein und vermag so, seine persönliche Macht zu konsolidieren.

Er stand an der frischen Luft und rauchte eine Zigarette. Ich gehöre zu jenen, die aus ihrer Liebhaberei eine Dauerbeschäftigung machen wollen, dachte er, aber ohne rechte Entschlossenheit und wirkliches Talent. Für einen Moment fühlte er tiefe Müdigkeit in sich. Was soll daraus resultieren? Er schaute dem Räuchlein nach, das in der Kälte nach oben entschwand. – Reibung. Reibung resultiert daraus, mit allem, dachte er dann.

Und das war vielleicht etwas.

Ob wir stärker geprägt sind durch Erbgut, oder die Umwelt, oder eine Willensbezeugung, ist eine intellektuelle Auseinandersetzung mit menschlichen Lebensbedingungen, die in vier Wänden stattfindet, wo frische Luft fehlt. Bei einem Spaziergang an der frischen Luft dämmert uns auf, dass es doch darum geht, durch eine Willensbezeugung dem eigenen Dasein Glanz zu verleihen, das ansonsten bloß durch Erbgut und Umwelt geprägt bliebe.

Der Himmel über ihm war bleiern und dicht bewölkt. Und dann, während er den Stummel seiner Zigarette im Aschenbecher ausdrückte, setzte Nieselregen ein.

Drinnen notierte er:

Was er muss, und was er nicht muss, auf Erden, darüber kann ein jeder nur vor sich Rechenschaft ablegen.

Aber dies sollte er möglichst lange tun, der Mensch: mit seinen Beinen auf der Erde gehen. Das kann er später nicht mehr.

Und weiter notierte er:

Gehe in die Natur, immerzu, über Asphalt, Stein und Felsen.

EXISTENTIALISMUS

Dass wir den Willen haben, an das Ewige in unserer Realität anzurühren.

Im Mai, Juni, Juli oder August, wenn die Sonne herunterbrennt und blendet, wenn ihre Einstrahlung massiv ist, die Hitze akut, beinahe unerträglich, am Nachmittag, zwischen lärmenden Autos, aufgeheizten Hausmauern und Straßen, Beton und Asphalt, wenn der Schweiß uns aus den Poren quillt und in die Augen läuft, wenn die Augen brennen vom Schweiß und dem Ozon, erst dann erreichen wir die maximale Nähe zur Welt; dann ist auch der Sonnenstand der höchste.

In dieser Sonne möchten wir bleiben, so lange als möglich, und unsere Kräfte ins Maximale treiben. Und wir können sie nur hier ins Maximale treiben, denn nirgendwo sonst sind wir mehr zuhause. Die Sonne ist uns Heimat.

Unser größtes Verschulden besteht darin, dass wir hier falsch priorisieren, weil wir dies nicht immer klar sehen: Wir gehen nicht in den Schatten, um uns vor der Sonne zu schützen. Wir gehen in den Schatten nur, um sogleich wieder in die Sonne zurückzukehren.

Über den hellen Asphalt gehst du. Setzest Fuß um Fuß. Schwarz, hart und schnell bewegen sich die kurzen Schatten deiner Schuhe in der Geschwindigkeit deines Gangs. Das Licht blendet, du kannst deine Augen kaum offen halten. Sie sind die Dunkelheit des Fabrikinnern gewohnt. Die

Sonne, deine Schritte unter der Sonne, sind Bezeugung deiner Existenz. Du siehst die Dinge und du nimmst sie an.

Am Abend gönnst du dir eine Suppe auf einer Terrasse. Es ist ruhig in der Straße, die Geschäfte haben bereits geschlossen. Aber die Sonne brennt noch immer mit voller Kraft. Noch steht sie hoch am Himmel. Ihr hartes, helles Licht ist intensiv. Dir steht der Schweiß auf der Stirn. Es ist genau so, wie du es für richtig befindest. Dein Dasein kannst du gänzlich gutheißen.

Du bist Existentialist.

TEIL I

BRÜCHE

ETHIK

Es ist die Macht über sich selbst,
welche die Macht über die anderen reguliert.
Michel Foucault

Wenn wir uns um uns selber kümmern, kümmern wir uns um die anderen und haben zu ihnen ein richtiges Verhältnis. Wenn wir über uns selber nachdenken, sehen wir ein, dass ein Erwerb oder ein Erobern von Macht über andere, das Schaffen eines Abhängigkeitsverhältnisses zwischen uns und ihnen nichts Positives in das Leben aller Beteiligter hineinbringt. Es entspricht nicht unserer inneren Realität oder unserer Wahrheit. Die Freiheit der anderen und unsere Freiheit zu bewahren entspringt unserer Einsicht, dass nichts es sich lohnt und dass es keinerlei Vorteile oder Verbesserungen bringt, jene zu ersetzen durch etwas anderes. Freiheit ist das Beste, was es zu leben gibt, für alle.

(Ob wir Freiheit wirklich leben können, ist wieder etwas anderes. Wir reden hier von unserer Lust, unserem Willen zur Freiheit.)

Indem wir den anderen in Ruhe lassen, verschaffen wir uns selber Ruhe, so könnten wir es auf eine Formel bringen. Jenen aber, die *uns* nicht in Ruhe lassen, die unser Frei-sein-Wollen nicht respektieren, weil sie sich zu wenig oder gar nicht um sich gekümmert haben – privat und als Angehörige von Institutionen –, sollen wir resolut entgegentreten.

Oppositionelles Denken, wie wir es hier verstehen, nährt sich am Erleben solcher Übergriffe, solcher Einbrüche in unsere Freiheit und die Freiheit anderer. Oppositionelles Denken ist auch eine Ethik, nämlich die, unsere Freiheit zu verteidigen und daraus einen Auftrag fürs Leben zu formulieren.

Auf einer politischen Ebene eröffnen sich uns diesbezüglich keine Möglichkeiten; künstlerisch allerdings wohl. Diese Schrift ist Zeuge davon.

DIE VERACHTUNG

Eine positive Bewegung in unsere Abhängigkeit werden wir hineingeben, wenn wir die Verachtung unseres Lebens ablehnen.

– I –
Juli

Dann hörte ich Werner Höderers helles, ein wenig flaches Lachen an der Kasse. Er war also wieder hier und hatte sich, ich sah flüchtig hin, einen Teller mit Brot und Butter und Kaffee auf das Tablett aufgeladen. Er verstand sich gut mit der Kassiererin.

Gestern hatte er gefehlt. Seine Tochter feierte Geburtstag und er, der Papi, hatte wohl den Auftrag, das Fest vorzubereiten. Bei Höderer hatte ich überhaupt das Gefühl, die Familie gehe vor. Was der immer für Erklärungen brachte, warum er spontan den Arbeitsplatz verlassen müsse. Seine Frau sei krank, sie habe Grippe. Dann sind seine Kinder krank oder sie haben Geburtstag oder der Kleinste hat sich beim Velofahren das Knie aufgeschürft oder es brennt in der Nachbarschaft. Immer muss der Papi nach dem Rechten schauen, die Familie beschützen, einen Transport zum Arzt organisieren oder die Kinder und seine Frau irgendwohin fahren.

Höderer brillierte durch Absenz. Es mussten Arbeitskollegen für ihn einspringen, die wiederum ihren Zeitplan spontan dafür umkrempelten. Das war auf die Dauer ärgerlich und eine Belastung. Wenn ich der Chef wäre, würde ich einmal ein Machtwort sprechen, dachte ich. Diese spontanen Sondereinsätze waren einem guten Arbeitsklima nicht förderlich. Höderer hatte deswegen in der Firma auch wenig Freunde, was ihn allerdings kaum zu belasten schien.

Mich ärgerte seine Priorisierung. Aber ich konnte sie irgendwie auch nachvollziehen. Sie war mutig. Die Familie hatte Vorrang, jederzeit. Das war eine edle, eine aufrichtige Haltung. Für die Familie würde Höderer vielleicht gar den Job hinschmeißen. So etwas würde ich mich nie getrauen. Bei mir ging der Job vor. Nicht, weil er mir gut gefiel. Aber ich und meine Frau waren abhängig von meiner Arbeit. Sie war unsere Existenzgrundlage. Warum sollte ich sie leichtfertig aufs Spiel setzen?

Der Job war auch Existenzgrundlage bei Höderer und seiner Familie. Und dennoch verhielt er sich, als wäre es nicht so. Das irritierte mich. Sein Verhalten war mutig, es war frech.

Höderer war in meinen Augen einer, der sich viel Freiheit herausnahm, unverschämt viel. Und er tat dies völlig selbstverständlich, als wäre nichts dabei. Ich kam mir neben ihm unbeholfen vor, zu angepasst, zu ängstlich. Ich empfand mich als bieder und übertreu, als einen, dem es an Wagemut und Unverfrorenheit ermangelte. Seine Direktheit überforderte mich, zumal er kein Blatt vor den Mund nahm.

Einmal kam es zwischen uns zu einem kleinen Wortgefecht, einem kleinen Schlagabtausch, der mich noch im Nachhinein beschäftigte. In einem Kontext, dessen Einzelheiten mir entfallen waren, ließ ich die wenig reflektierte

Bemerkung fallen, ich sei halt auch nur ein Mensch. Höderer reagierte darauf sofort. „Zu sagen, ich bin auch nur ein Mensch, ist so ziemlich die billigste Art, nicht zu seinen Schwächen zu stehen", sagte er. Im ersten Moment war ich ob dieser markigen Bemerkung erschrocken. Ich empfand sie als unnötig aggressiv. Sie war schonungslos offen und direkt. Aber ich musste mir eingestehen: Er hatte Recht. Seine Aussage war richtig. Ich verbannte fortan die Floskel aus meinem Vokabular und achtete darauf, vor Höderer keine Belanglosigkeiten zu schwatzen. Ich wollte mir nicht unnötig die Finger verbrennen.

Werner Höderers helles Lachen erklang erneut. Immer noch stand er an der Kasse. Ich schenkte der Szene für einen Augenblick meine vollste Aufmerksamkeit. Hinter ihm wollte schon eine ganze Traube Leute ihr Pausenbrot bezahlen. Er schien sich dadurch nicht beirren zu lassen. Er war ein unverschämter Kerl, anders konnte ich es nicht benennen.

Schlimm wäre es aber erst, wenn er falsch wäre, dachte ich dann. Unaufrichtig. Doch gerade diesen Angriffspunkt bot er nicht. Nichts tat Höderer heimlich. Die Sache mit der Kassiererin war offensichtlich. Sie dauerte schon eine Weile. Wie weit die beiden gingen, privat, wusste ich nicht. Aber so, wie sie sich soeben anlachten, war da zweifellos eine große erotische Energie vorhanden. Ja, ich übertreibe nicht, wenn ich sage: ein erotisches Blitzgewitter entlud sich soeben zwischen den beiden. Aber nie, keine Sekunde, hatte Höderer daraus ein Geheimnis gemacht. So selbstverständlich, wie er den Arbeitsplatz verließ für die Familie, so natürlich flirtete er mit der jungen Angestellten an der

Kasse herum. Es war nichts Falsches, nichts Heimliches und Verstecktes darin. Er nahm andere beim Wort und er war offensiv. Weder Unterdrückung noch Perversion waren an Höderer festzustellen. Nicht der leichte, dunkle Hinterweg, das schmierige Arrangement waren seine Sache, sondern Offenherzigkeit und Direktheit. Der Mann sagte, was er wollte, und er holte sich, was er brauchte. Dies, das musste ich neidlos anerkennen, war ein durchaus akzeptabler und sauberer Charakterzug.

– **II** –
───────

Mein Arbeitsweg führte von meiner Wohnung in der Selnau über die Stauffacherbrücke zur Tramhaltestelle am Stauffacher. Das kurze Stück Fußweg, an der Sihl entlang, genoss ich im Sommer besonders, wenn die Sonne bereits in der Frühe am Himmel über dem Zürichberg stand und in die Stadt hineinschien.

Heute Morgen verharrte ich für einen Moment am Ufer der Sihl und sah auf den Fluss hinunter. Friedlich floss er im Sonnenlicht Richtung Hauptbahnhof. Das Wasser war klar und transparent. Kniehoch und saftig stand das Gras auf der rechten Seite des Flussbettes. Auf dem Dach des ehemaligen Elektrizitätswerkes, gegenüber, sang ein Vogel. Es atmete eine ruhige und angenehme Atmosphäre, dieses Stück Natur inmitten der Stadt.

Doch etwas in mir drin stimmte nicht. Ich sah die Sonne nicht. Ich sah sie nicht vollständig, war ihr nicht wirklich nahe. Irgendwann kommt die Wahrheit ans Licht, dachte ich. So, wie man gelebt hat, wird es einst ans Licht kommen.

In der Münzendruckerei beim Farbhof arbeitete ich schon viele Jahre. Kaum sah ich während der Arbeit Tageslicht. Vielleicht kam es daher, dass ich nicht zur Sonne hin gelangen, sie nicht erreichen konnte, weil ich sie aus meinem Alltag ausgeschlossen hatte. Ich wusste nie, wie das Wetter draußen war. Es plagte mich dieses Abgeschnittensein von der Natur. Das Wetter war mir wichtig. Es war, so fühlte ich, meine Verbindung zur Welt.

Aber wie sollte ich, der ich täglich viele Stunden im Neonlicht verbrachte, in wenigen Minuten auf meinem Morgenspaziergang eine Verbindung aufbauen zur Sonne? Zu kurz war die Zeit dazu und zu lang war sie nachher, in der lichtarmen Isolation.

Heute, am Sihlufer, kam es mir vor, als hätte ich mich versündigt an der Natur. Ich gab ihr zu wenig Gewicht in meinem Leben. Darum war ich nicht beteiligt an der Welt, war ich nicht ganz in ihr angekommen. Ich hörte den Vogel pfeifen auf dem Dach des Gebäudes gegenüber, ich sah das Glitzern des fließenden Wassers im Licht, doch ich war getrennt von allem, war nicht Teil dieses Geschehens. Es passierte alles an mir vorbei.

Ich gelangte schließlich zum Stauffacher, nahm, wie immer, das 2er-Tram Richtung Farbhof. Es war alles ein Ritual. Nichts Außergewöhnliches trat ein. Und so fand ich mich, wie immer, gegen 7 Uhr am Haupteingang zur Firma. Ich öffnete die Drehtüre mit dem Badge, den ich in meiner linken Hosentasche trug.

Ritual und Routine prägten mein Leben. Ich hatte lange Zeit nicht wahrhaben wollen, dass ich es mir damit einfach machte. Es gab auch stets gute Argumente dafür, die mich entlasteten: Sicherheit für die Familie, die Kinder, meine Frau. Ich hatte zwei Söhne. Der eine war gerade Vater geworden und ich war nun Großvater. Gestern war ich 58 geworden. In vier Jahren wollte ich mich pensionieren lassen. Ich freute mich auf die Zeit nach der Arbeit. Aber ich musste zugeben, ich war nicht wirklich gut vorbereitet darauf. Zu lange, zu viele Jahre hatte ich mein Leben vor mir hergeschoben, hatte ich meine Priorisierung auf die Sicherung der Versorgung gelegt. Nie hätte ich es gewagt, meinen Job an den Nagel zu hängen, oder etwas anderes zu machen, oder die Welt zu bereisen in meinen jüngeren Jahren. Ich hatte nie Ansprüche gestellt oder aufbegehrt. Ich hatte stets einen persönlichen Gewinn dem Wohlergehen der Familie hintangestellt.

Jetzt, da meine Frau und ich alleine waren, war ich mir nicht mehr sicher, ob diese Strategie noch aufging. Ich hatte mich geopfert für Sicherheit, so kam es mir vor. Ich hatte ein persönliches Weiterkommen verachtet, ich hatte damit mein Leben verachtet. Ich nutzte meine Zeit kaum sinnvoll.

Nur, es brachte nichts, bitter zu sein oder mit dem Leben im Nachhinein, dann, wenn es zum großen Teil schon gelebt war, zu hadern. Die Zeit war vorbei. Ob man sie verschwendet oder gut genutzt hatte, wusste man dann genau. Man muss das Leben, das man haben will, in jungen Jahren einleiten, dann, wenn man das eigene Schicksal noch formen kann.

Wer sich in einem Provisorium einrichtet, dachte ich, wer vor sich hin lebt, macht sich zum Opfer und scheitert am Leben. Ich hatte keine Zweifel an der Richtigkeit dieses Satzes. Früher hätte ich darüber gelacht. Nein, ich hätte nicht darüber gelacht. Ich hätte abgewinkt und gesagt: „Schon gut, ich habe Verpflichtungen, ich muss schauen, dass etwas auf den Teller kommt."

Höderer traf bei mir einen wunden Punkt. Er gehörte einer Generation an, die ein gesundes Selbstbewusstsein an den Tag legte. Auch er musste zuschauen, dass etwas auf den Teller kam. Er hatte seine Verpflichtungen gegenüber seiner Familie, aber er schaute und sorgte auch dafür, dass er auf einer persönlichen Ebene nicht zu kurz kam. Höderer war souverän, hatte ich den Eindruck. Er hatte sein Leben im Griff. Im Grunde beneidete ich ihn darum. Dass ich souverän war, hätte ich nicht behaupten wollen. Immerhin, damit konnte ich mich ein wenig entlasten, hatte ich ein Sensorium entwickelt für die Thematik.

– III –

Noch ein verliebtes Lächeln im Gesicht, setzte sich Höderer schließlich an meinen Tisch und sagte: „Salut, Hanspeter, alles klar?"

„Ja, ja", sagte ich.

„Geht's dir nicht gut? Siehst müde aus."

„Es geht."

„Nimm es doch gelassen, Hanspi. Es hat doch keinen Sinn, hier zu leiden", sagte er und biss herzhaft in eine Brotschnitte.

„Sehe ich so schlecht aus?", fragte ich.

„Nein. Aber du scheinst besorgt, bedrückt. Letzthin habe ich irgendwo gelesen: Wer viel lacht, ist glücklich, und wer viel weint, ist unglücklich. Ich finde diesen Satz gar nicht so schlecht. Er sagt: Dein Glück liegt allein in dir und nicht in den Umständen."

Hört, hört, auch noch Philosoph, unser guter Höderer, dachte ich zuerst.

Aber auch diese seine Aussage war, wenn auch ein wenig lapidar, so doch nicht falsch. Sie ist sogar, bei näherer Betrachtung, ziemlich kühn, dachte ich dann. Sie sagt: Du allein bist für die Qualität deines Lebens zuständig. Und nichts Äußeres kann diese verringern oder vergrößern.

„Alles ist eine Frage der Einstellung, oder, Werner? Dies willst du doch sagen", sagte ich.

„Ja. Natürlich. Und diese hängt nur von dir ab. Ich weiß nicht, wie du das erlebst, aber ich empfinde das Leben als Kampf. Unsere Bedingungen sind roh und grob, gar brutal. Sie sind es für alle. Unser Kampf ist aber nicht gegen sie gerichtet, sondern gegen die eigene Schwachheit, gegen die Resignation. Ich will nicht Opfer sein meiner Mutlosigkeit. Ich will souverän bleiben."

„Ja, das glaube ich dir, das merkt man."

„Hast du ein besseres Mittel für eine brauchbare Lebensbewältigung? Komm mir nun bitte nicht mit Anstand, Bescheidenheit, Anpassung und solchem Zeugs. Wir müssen nicht gefallen. Es bringt nichts, glänzen zu wollen. Wir passen uns damit zu sehr der Umwelt an."

„Nein, nein, Werner. Ich bin absolut einverstanden. Ich habe dies nur nicht immer klar sehen können für mich." Ich hörte mich selber reden, bemerkte die Feigheit in meiner Stimme.

„Hanspi. Das höchste Glück für uns Erdenkinder ist, eine Persönlichkeit zu sein. Und das ist von Goethe und nicht von mir. Es liegt an uns, eine Persönlichkeit aus uns zu machen. Eine Persönlichkeit leidet nicht an den Umständen, sie hat Kraft genug, den Umständen entgegenzutreten."

Höderer ist also belesen, dachte ich. Dies konnte ich von mir nicht behaupten. Er interessierte sich für die Welt. Ich war gefangen in meiner Malaise.

So kam es, dass ich mir von ihm, der mein Sohn hätte sein können, in moralischen Fragen etwas sagen lassen musste. Das irritierte mich zuerst, dann aber konnte ich es annehmen. Man muss einen inneren Ruf für diese Dinge haben, dachte ich. Höderer hatte ihn. Ich hatte ihn lange Zeit, viele Jahre, nicht.

– IV –

Nach der Arbeit fuhr ich mit dem Fahrrad zum Hafen Enge hinaus. Es war drückend warm. Sehr hell und milchig schien das Sonnenlicht durch Dunst und Schleierwolken. Ich setzte mich auf die Hafenmauer gegenüber dem Springbrunnen. Es waren nur wenige Leute dort. Die Sommerpause war spürbar, die Stadt schien leergefegt. Ich schaute in die Sonne am Himmel. Sie stand bereits im Westen, wenn auch noch weit über dem Uto Kulm. Erneut überkam mich das Gefühl, sie nicht vollständig zu sehen. Ich hatte den Tag verpasst. Ich hatte, freiwillig, Sonnenlicht hingegeben für die Arbeit im Neonlicht. Wieder hatte ich einige Stunden an der Natur vorbeigelebt für Sicherheit. Ich nahm dieses Opfer auf mich. Ich war bereit dazu.

Höderer sagte, es sei alles Einstellungssache. Wenn man eine Gegebenheit annehmen kann, fällt sie einem leichter.

Man arbeitet sich weniger an ihr ab. Sich gegen eine Sache zu wehren, innerlich, sie aber dennoch zu tun, fordert einem dagegen viel Energie ab.

Ich konnte mich mit dem Verlust von Licht nicht abfinden. Ich konnte es drehen und wenden, wie ich wollte. Selbst jetzt, da ich im Licht war, konnte ich es nicht genießen, der Verlust wog zu stark. Nur, ein Leben im Licht, ein Leben in völliger Freiheit barg auch Gefahren. Ich wusste dies. Nie wäre es mir in den Sinn gekommen, der Versuchung zu erliegen, auf materielle Sicherheit zu verzichten zugunsten eines absolut selbstbestimmten Lebens. Zu groß war die Gefahr völliger Unsicherheit und Instabilität. So etwas kann und darf man nicht machen, wenn man Kinder hat. Aber auch heute noch fehlte mir der Mut dazu. Ich musste mir nichts vormachen. Mit zunehmendem Alter wuchs er nicht.

Es schien mir dies eine der grundsätzlichen Fragen zum menschlichen Dasein: Inwiefern war ein Leben in Freiheit, in materieller Unabhängigkeit überhaupt möglich? Es war klar: Es gab diese Unabhängigkeit nicht. Es gab sie für niemanden. Im Denken konnte man frei sein. Aber das Leben zu bestehen bedingte stets Abhängigkeit. Die Frage war: Wie stark empfand man diese Abhängigkeit? Oder anders gesagt: Wie konnte einer eine positive Bewegung in diese Abhängigkeit hineingeben? Ich dachte an Höderer. Auch er war zum Kompromiss gezwungen durch äußere Umstände. Dennoch konnte er, dank seiner Einstellung, in seinen Alltag Werte hineingeben. Er konnte etwas, das ich verachtete, nämlich die Arbeit in künstlichem Licht, annehmen. Wer dies tat, musste wissen, warum. Höderer wusste dies mit Sicherheit. Er wusste um den Gewinn, den er, trotz der Umstände, für sich herausholen konnte. Ich hatte für mich diesen Gewinn nie gesehen. Er aber sah etwas, das ihm Freude machte. Ich fragte mich, was es bei ihm war. Was motivierte ihn? War es seine Familie? War es die Kassiererin? War es Liebe?

Liebe ist zweifellos ein großer Motivator, dachte ich. Liebe lenkt die Gedanken eines Menschen von sich weg zu anderem hin. Wer verliebt ist, erfährt eine Verschiebung von Interessen und Werten. Wäre ich verliebt gewesen, hätte ich das Neonlicht besser ertragen können. Aber ich liebte nichts und niemanden, das war es. Es gab keinen Zweifel daran: Das Leben ist schwer zu ertragen in Lieblosigkeit. Die Umstände haben damit nichts zu tun. Wer etwas oder jemanden liebt, kann mehr ertragen, kann mühselige Bedingungen leichter wegstecken. Liebe kompensiert die Umstände, setzt sie auf ein akzeptables Maß. Liebe relativiert, rückt die Dinge ins richtige Licht. War mein Problem das Neonlicht, der Mangel an Sonnenlicht? – Lieblosigkeit war mein Mangel. So standen die Dinge.

Liebe, Leidenschaft und Besessenheit. Es sind diese Eigenschaften nicht selbstverständlich. Aber sie sind entscheidend für Lebensqualität, dachte ich. Sie *stehen* für Lebensqualität. Es kann sich glücklich schätzen, wer etwas fühlt. Eine Persönlichkeit ist jemand, der zu lieben weiß, der leidenschaftlich und besessen ist.

Leidenschaftlich zu sein war nicht meine Stärke. Aber Höderers? Ich war mir sicher: Höderer war leidenschaftlich, war liebesfähig. Das machte den Unterschied zwischen ihm und mir: Mein Leben war bestimmt durch Monotonie und Langeweile, seines durch Spannung und Freude. Die Umstände waren für uns beide fast identisch, aber unser Innenleben war verschieden.

Ich verachtete meine Arbeit, ich verachtete einige meiner Mitarbeiter. Ich verachtete auch Höderer und gleichzeitig beneidete ich ihn. Er aber anerkannte die Leistung anderer und war bereit, sie in sein Herz aufzunehmen.

Es war mir nun klar: Wer sagen muss, sein Leben sei bestimmt durch Verachtung, Lieblosigkeit und Langeweile, kann nicht von einem gelungenen und gut bestandenen Leben reden.

Wer sich Freude und Spannung erhalten kann, wer leidenschaftlich und liebend durchs Leben geht, kann von einem gelungenen Leben reden.

Höderer hatte Recht: Es war alles eine Frage der Einstellung. Für mich drängten sich nun folgende Aufträge auf:

Erstens: War ich lernfähig? Würde ich mich ändern können? Zweitens: Wen oder was konnte ich lieben?

Dies galt es herauszufinden.

– V –
Dezember
___

Kein Lachen ertönt mehr an der Kasse. Höderer bleibt verschwunden. Die Kassiererin auch. Ich schaue aus dem Fenster der Kantine. Die Bäume sind schneebedeckt, der Himmel grau verhangen. Es ist tiefer Winter. Hinter dem Gewölk müsste die Sonne jetzt knapp über dem südlichen Horizont stehen, man sieht sie nicht. Doch da – plötzlich bricht sie hervor und taucht die weiße Landschaft in helles, warmes Licht. Ich bekomme Gänsehaut beim Anblick dieses herrlichen Naturspektakels.

Wenn ich behaupten würde, ein unglücklicher Mensch zu sein, wäre dies falsch. Ich bin lernfähig. Vor wenigen Tagen erreichte mich Post von Höderer. Ein Paket. Darin befanden sich ein dünnes Büchlein, eine Ansichtskarte und ein Memorystick. Auf der Vorderseite der Karte war ein Strand von oben zu sehen, Pinien säumten das Ufer, das Meerwasser war transparent, Felsen und Sand waren unter der Wasseroberfläche auszumachen.

Auf der Rückseite stand geschrieben: *Meinem lieben Hanspi, in guter Erinnerung, herzlich, Werner Höderer.*

Offenbar hatte sich der Kerl mit der Kassiererin auf eine der Goldinseln im Süden Frankreichs abgesetzt. Das überraschte mich, so etwas hätte ich ihm nicht zugetraut.

Das dünne Büchlein lese ich nun, wann immer es mir die Zeit zulässt. Den Stick habe ich auf mein Handy geladen. Er beinhaltet alten Blues und Boogie-Woogie. Am besten gefallen mir die Stücke von Fats Domino.

Bei meinem Morgenspaziergang zum Stauffacher ist vor allem auf der Brücke Vorsicht geboten. Meistens ist es dort vereist und rutschig. Die Sihl ist stellenweise gefroren, aber nur oberflächlich, unter dem Eis gurgelt das Wasser. Vom dunklen Ufer der gegenüberliegenden Flussseite leuchten vereinzelte helle Schneeflecken in den trüben Himmel hinauf.

Innerlich gehe ich den Strand entlang, auf der Postkarte Höderers, sauge den Duft der Pinienbäume in meine Lungen, während der Sound von Fats Dominos Piano in

Blueberry Hill durch meine Kopfhörer in die Dunkelheit hinausschallt.

Als ich die Tramhaltestelle erreiche, ist es immer noch Nacht.

DUNKELHEIT

Blueberry Hill: Wenn alles zu Ende, kaputt ist, macht Harmonie es gut.

Jacques schenkte mir unaufgefordert nach. Ein liebenswürdiger Kerl. Er verstand mich. Wahrscheinlich wusste er, dass Pedro es erneut spielen würde. Schon zum dritten Mal diesen Abend. Er wollte mir helfen, es zu ertragen. Ich war ihm dankbar dafür.

Ja – nun kam es. Pedro spielte das Intro. Es schnürte mir die Kehle zu. Schnell nahm ich einen Schluck aus dem Glas. Ich konnte es nur schlecht aushalten, besonders wenn er zu singen anfing. „I found my thrill on Blueberry Hill." Pedro schaute zu mir. Er sang für mich. Es zerriss mich innerlich beinahe. Er sang es genau so, wie es damals Harry gesungen hatte. Die Bilder, die mir nun hochkamen, taten weh. Über Felder gingen wir, Harry und ich. In der Abendsonne streiften wir durch Wiesen. Wir liebten uns im Gras. Es war die beste Zeit meines Lebens. – Ja, das war es.

„Tho' we're apart you're part of me still, for you were my thrill on Blueberry Hill." Vor dieser Stelle hatte ich am meisten Angst. Pedro sang sie besonders schön. Es schien ihm Freude zu machen, mich zu quälen. Ich trank das Glas leer.

Harry war zu nichts zu gebrauchen, er taugte für das Leben nicht. Aber *Blueberry Hill* konnte er singen. Oh ja, das konnte er, auch wenn er sonst nichts konnte. Er war ein lausiger Kerl. Ein einseitig begabter Schuft.

„Paula, nimmst noch einen?" „Gerne." Ich hörte meine eigene Stimme. Ich hörte, wie ich die Worte nicht mehr klar aussprach. „Zum Wöhli, Jacques." „Auf dich, Paula." Wir stießen an. Jacques war ein Schmeichler, ein schlauer Fuchs. Aber egal. Er trank nur bei *Blueberry Hill*, weil er wusste, dass mir der Song wichtig war. Er war mein Kompagnon in einsamen Stunden.

„The wind in the willow played love's sweet melody." Ich sang mit. Ich war keine gute Sängerin, ich wusste dies. Aber ich musste niemandem darüber Rechenschaft ablegen. Es war mein Song. Pedro spielte ihn für mich. Ich hatte alles Recht, mitzusingen.

Mir war schwindlig von dem grausigen Gesöff. – Es war alles lauter Schmerz und ewiges Elend. Harry war meine große Liebe. Er ließ mich allein zurück auf dieser Erde, überließ mich dem Heulen und dem Saufen, das war alles. Es war kein Leben. „Harry, sieh mich an, schau runter, schau, in welchem Zustand du mich hier leiden lässt!" „Sch, ist ja gut, Paula." Jacques tätschelte meine Hand und füllte mein Glas nach. Er verstand mich. Es tröpfelte mir *Blueberry Hill* milde ins Herz. Pedro spielte es sicher schon zum fünften Mal.

„Tanzen wir?" Jacques kam um die Theke herum und nahm mich bei der Hand. Mir war übel, ich konnte mich kaum auf den Beinen halten. Nach ein paar Umdrehungen hatte ich Brechreiz. Ich hörte noch, wie jemand sagte: „Sehen Sie nicht? Die Frau ist krank!" Ich glaubte, es war Jacques.

Dann verlor ich das Gleichgewicht und es wurde dunkel.

DAS GEHEIMNIS

Was ist Dunkelheit, was ist Licht? Und wo finden wir sie? – Wer es weiß, soll es uns sagen.

Zürich befindet sich am unteren Ende des Zürichsees zwischen zwei Gletschermoränen, die sich bis nach Wettingen hinunterziehen. Vom Üetliberg aus sieht man, dass die Stadt im Limmattal bis Dietikon und Weiningen zusammengewachsen ist und mit diesen eine Einheit bildet. Auch die Gemeinden am linken und rechten Seeufer gehen ohne sichtbare Grenze in die Stadt über.

Zürich ist eine schöne Stadt, sauber und gepflegt. Die Häuser werden rechtzeitig renoviert und neu gestrichen. Die Straßen haben keine Löcher. Die Trams und Busse fahren pünktlich nach Fahrplan. Auch die Schiffe legen im vorhergesehenen Takt am Bürkliplatz an und ab.

Den Stadtbewohnern geht es gut. Es gibt genügend Arbeit für alle. Man ist ein komfortables Leben gewohnt und muss nicht jeden Rappen zweimal umdrehen. Die Restaurants, und es gibt davon unzählige, sind gut besucht, auch unter der Woche. Den teuren und stets frisch gewaschenen Wagen, geparkt am Bellevue, an der Sihlporte, beim Fraumünster und in der Nähe des Paradeplatzes, sieht man an, dass die Leute sich Luxus leisten können. Samstags in der Bahnhofstrasse, nach einem Bummel durch die Uhren-, Schmuck-, Parfümerie-, und Kleiderläden, kehren Damen und Herren, mit teuren Sonnenbrillen und Handtaschen für einen Kaffee oder Prosecco im *Sprüngli* ein. Unter der Woche promenieren junge Angestellte der umliegenden Banken über Mittag in schicker Kluft und mit gutem Selbstvertrauen am Schanzengraben oder am Bleicherweg. Die einen tragen lässig eine Zigarette im Mundwinkel à la Jean-Paul Belmondo. Andere wiederum strotzen vor Gesundheit, die sie sich in einem Fitnesscenter angedeihen lassen. Nicht selten hört man Begriffe wie „Shareholdervalue" oder Konversationsfetzen in Englisch, in denen es um Geldtransaktionen und Wertpapiere geht.

Man merkt es auch in den Sommerferien, wenn die Stadt fast leergefegt ist, dass es den Zürcherinnen und Zürchern gut geht. Sie entscheiden sich für Ferien auf den Malediven oder den Seychellen oder in der Karibik. Für ein Bad im Zürichsee, dessen Wasserqualität hervorragend ist, gibt es dann genügend Platz in der Enge oder am Mythenquai. Auch genügend Platz gibt es für Touristen aus aller Welt, die sich beim Springbrunnen oder beim Waldmanndenkmal fotografieren und staunen ob der Sauberkeit des Sees und der Limmat. Sie erblicken die weitgehend schneelosen Alpen am Horizont und den saftig grünen Wald der Albiskette und finden, Zürich sei sehr schön. Sie fühlen sich sicher. Es sei alles ordentlich und gepflegt, wenn auch ein wenig teuer.

Durch dieses Zürich ging ich an einem milden Sommerabend. Auf der Terrasse des *Gran Café* nahmen einige wenige Daheimgebliebene einen Aperitif. Der Limmatquai war schwach frequentiert und ruhig. Aus der *Chérie-Bar* in der Rosengasse erklang Musik. Ein Pianist klimperte einen Boogie-Woogie. Ich erkannte *Blueberry Hill* von Fats

Domino. Ich hörte, wie eine weibliche Stimme lautstark und falsch mitsang, mitgrölte. Die Person musste sehr betrunken sein. Es erschreckte mich dieses Szenario. Das ist nicht gerade das, was sich für die Stadt gehört, dachte ich.

Der Vorfall ließ mich in folgende Reflexion eintauchen: Ich war eben auch ein Zürcher. Einer, der durch die heile und saubere Welt um ihn herum, in der nichts krank und armselig sein durfte, infiziert war, infiziert mit einem Gedankengut, das Unordnung tabuisierte und verdrängte.

Schuldig ist derjenige, der sein Leben nicht erfolgreich zu bestehen weiß, lautet die Annahme. Man will ihm nicht helfen, nicht nur weil er unfähig ist, sondern weil er das Bild der Reinheit, der Tüchtigkeit und der Sauberkeit befleckt. Ein Denken aber, das nicht wahrhaben will oder sogleich verurteilt, was die Harmonie stört, ist ein hartes und grobes Denken. Es erwächst aus dem Wohlergehen, dem materiellen Reichtum und der Überzeugung der eigenen Unabhängigkeit. Man braucht den anderen nicht. Er ist, wenn er nichts bringt, lästig. Wer so denkt, vergisst aber dabei den Menschen, verlernt Milde und Großzügigkeit. Er unterschätzt seine Vereinsamung in der Abgrenzung.

Ein jeder will zum Licht. Nur, wo genau das Licht ist, weiß keiner. Es weiß auch keiner, wo die Dunkelheit liegt. Wenn Licht materieller Wohlstand bedeutet, haben Zürcherinnen und Zürcher das Licht erreicht und die Dunkelheit hinter sich gelassen. Sie leben im Paradies auf Erden. Wenn Licht etwas anderes ist, mentaler Reichtum zum Beispiel, Interesse und Neugierde, Liebe und Inspiration, dann meint Dunkelheit stumpfen Konsum und Angst vor materiellem Verlust, die Angst, teilen zu müssen oder den eigenen Anteil zu verlieren. Niemand wird bestreiten, dass diese Angst nicht sehr präsent ist in Zürich.

Man darf nicht vergessen: Wo Reinheit und Ordnung lebensbestimmend sind, fehlt das Exzessive, das Ausloten von Grenzen. Aber das Ausloten von Grenzen ist ein menschliches Bedürfnis. Man will wissen, wie weit man gehen kann. Verwundert es, wenn einige mit Alkohol oder anderen Mitteln diese Grenzerfahrung zu erlangen suchen? Sie wollen etwas fühlen. Auch wenn sie leiden oder dadurch geschwächt sind, gesundheitlich, so fühlen sie dennoch. Licht ist für sie, etwas zu fühlen.

Dass aber in der Ordnung und der Nüchternheit ein mentaler Exzess möglich ist, ohne Hilfsmittel, muss einer erst einmal begreifen. Sein Licht liegt in der Fähigkeit zur Konzentration, in der Verdichtung eines Gedankens. Seine innere Aufhellung liegt in der mentalen Arbeit. Seine Untersuchungen werden die Gesellschaft betreffen, die sich Ordnung, Reinlichkeit und Wohlstand als Tugenden auf ihre Fahne geschrieben hat. Er wird sich darum bemühen, die Unordnung darunter, das Menschliche, das Natürliche im Menschen, ans Tageslicht zu befördern.

Zürich ist eine schöne Stadt. Sie ist eingebettet in eine herrliche Naturlandschaft. Die Herzen der Stadtbewohner sind – auch Natur. Es sind menschliche Herzen. Es lohnt sich, diese Herzen anzuschauen.

Das warme Abendlicht am Limmatquai wich allmählich der Nacht. Mein Heimweg führte über die Bahnhofstrasse in den Kreis 4 hinein. Ich wohne in einem boomenden Quartier. Es gibt viele neue Restaurants und Shops. Der Bodenpreis ist höher denn je, dementsprechend teuer sind die neu gebauten Liegenschaften. Soviel ich weiß, verkaufen sie sich schnell und problemlos.

Aber das interessiert hier nicht. Die betrunkene Sängerin in der *Chérie-Bar* interessiert. Sie ist menschlich. Und das ist, was wir untersuchen.

DIE BEUGUNG
DER ANGST WEGEN

Die Natur im Menschen

Der junge Birrenbaum war sonst eher ein Großmaul, einer, der schnoddrig sagte: „Ach, das machen wir doch! Das sind ‚Peanuts'!"

Dann, an einem Abend, stand eine der großen Maschinen still. Die Schichtleitung rief ihn zur Reparatur. Er probierte die üblichen Kniffs, schnelle Eingriffe, damit die Produktion bald weitergehen konnte. Aber sie halfen nicht. Die Maschine stand. Bald schon war eine halbe Stunde vergangen. Birrenbaum hatte Schweißperlen auf der Stirn.

Da erschien der Schichtleiter persönlich. Er pflanzte sich dicht hinter Birrenbaum auf und starrte, wie er, auf den Bildschirm des Hauptcomputers für die Maschinensteuerung. Birrenbaum bewegte die Maus nervös hin und her. „Es funktioniert nicht", sagte er. „Wie lange dauert es noch?", fragte der Schichtleiter. „Normalerweise sollte es nach diesem Prozess wieder gehen", sagte Birrenbaum. „Ja, dann warten wir." Der Schichtleiter machte ein besorgtes Gesicht. „Der Prozess ist jetzt gleich abgeschlossen, schon zum zweiten Mal. Beim ersten Mal hat es nicht funktioniert", erklärte Birrenbaum. Sie warteten. Schließlich meinte er und erhob sich dabei vom Stuhl: „So, jetzt können wir noch einmal probieren." Er drückte den Startknopf der Maschine. – Sie rührte sich nicht.

Birrenbaum schwitzte stark, starrte gebannt auf den grünen Knopf vor ihm. „Es geht nicht", murmelte er, mehr für sich. Der Schichtleiter nahm seine Worte auf und sagte: „Es geht also nicht. Was machen wir nun?"

Birrenbaum ging nervös vor der Maschine hin und her, schaute aus verhetzten und geröteten Augen überall hin, nur nicht in die Augen des Schichtleiters. „Ich muss es genauer anschauen", sagte er schließlich mit heiserer Stimme und schaute dabei durch ein Fenster in das Innere der Maschine. „Was heißt das zeitlich?" Der Schichtleiter ließ nicht locker, blieb dicht bei Birrenbaum stehen, schaute ebenfalls durch das Fenster in das Maschineninnere.

Da entfuhr Birrenbaum die Bemerkung: „Pech, das ist einfach Pech. Dass mir das passieren musste ..." Er haderte mit seinem Schicksal.

Der Schichtleiter starrte ihn an, die Stirn gerunzelt. „Ich muss es jetzt wissen, ich muss die Produktion ansonsten umleiten und das Personal verschieben."

„Eine halbe Stunde", murmelte Birrenbaum.

Der Schichtleiter griff zum Telefon und sagte: „Maschine 3 steht für eine weitere halbe Stunde, verschiebt das Personal, sofort! Wir disponieren um", und zu Birrenbaum, der apathisch und zusammengefallen am Hauptcomputer saß, um die Übung noch ein drittes, vergebliches Mal durchzuspielen: „Jetzt können Sie weitermachen, wir polen um, Sie haben die Maschine bis auf Weiteres."

Mit diesen Worten ließ der Schichtleiter Birrenbaum allein.

Birrenbaum, ein Häufchen Elend, wartete das Ende des Reset-Prozesses ab. Das Leben macht keine Freude, dachte er. Es ist alles nur ein mühseliges Abkämpfen. Sein Hemd war um den Kragen herum verschwitzt, seine Nackenhaare waren triefend nass. Traurig und resigniert erhob er sich und drückte ein drittes Mal den Startknopf.

Doch siehe da – das Signal der Maschine ertönte und das Rumpeln der anlaufenden Kette war deutlich zu hören. Birrenbaum stand da und konnte es kaum glauben. Er starrte durch das Fenster ins Innere der Maschine. Tatsächlich: Sie lief.

Für weitere zehn Minuten schaute er zu, wie die Apparatur ihre Bewegungen ausführte. Schnell fuhr die Kette mit ihren Behältern an ihm vorbei. Birrenbaum erkannte für einen Moment sein Gesicht in der Glasscheibe. Es starrte ihn ein zerzauster, einsamer Mensch an.

Schließlich griff er zum Telefon und gab, bereits wieder mit festerer Stimme, die Maschine für den weiteren Gebrauch frei.

MACHT UND OHNMACHT

Die Macht der Arbeitswelt

Dass der Einzelne der Macht der Arbeitswelt unterlegen ist, ist so wahr, als die Arbeitswelt den Einzelnen verformt, da sie stärker ist als er. Die Arbeitswelt als Gemeinschaft, als Verband, als Struktur, als Gesellschaft ist dem Individuum an Kraft überlegen. Die Entfremdung des Menschen von sich selber hat hier ihren Ursprung. Seine Machtlosigkeit, seine Ohnmacht gegenüber der Dynamik der Gesellschaft macht ihn auch machtlos gegenüber sich selber. Seine Eigenschau wird schwammig und diffus. Er kennt sich nicht mehr. Seine Entfremdung, seine psychologische Aufweichung, seine Verformung sind irreparabel und unvermeidbar, da des Menschen Sensorium für Machtgefälle, sei es zu seinen Gunsten oder seinen Ungunsten, maßgebend und prägend ist in seiner Entwicklung. Sein Sensorium für Machtgefälle steht über ihm, über seinem Selbstschutz, über seiner Natur. Seine Natur, so könnte man sagen, will gerade seine Einordnung in die Gesellschaft, seine Unterordnung gegenüber einer mächtigen Struktur. Man sagt darum: Der Mensch ist ein soziales Wesen. Genau genommen ist er ein machtloses, um nicht zu sagen, ein gebrochenes Wesen.

ERNÜCHTERUNG

Die stille Brutalität des Lebens? Wir erfahren sie täglich.

Ihr Blick traf mich unerwartet mit einem Ernst, der mich erschreckte. In ihrem Gesichtsausdruck war keine Spur von Humor, Freude oder Verschlagenheit auszumachen. Auch Trauer, Zorn oder Stolz bemerkte ich darin nirgends. Direkt und ruhig lag ihr Blick für eine Sekunde auf mir. Ihre Mundwinkel waren nach unten gezogen. Ich hätte darin Verachtung herauslesen können. Aber ihre Augen widerlegten diese Vermutung. Sie schauten zu mir und gleichwohl nicht. Es gab keinen Kontakt zwischen uns. Die Frau schaute in sich hinein. Sie war mit sich beschäftigt, mit ihrem Innenleben. Dass es kein fröhliches Leben war, das sie in sich hatte, war nicht schwer zu erraten.

Ich platzierte mich in einiger Distanz rechts hinter sie. Ich konnte so ihr Profil sehen, ohne dass sie es bemerkte. Ich wollte nachprüfen, ob ich einen Hinweis entdecken konnte über die Richtung ihrer Gedanken. Von der Seite her las ich Müdigkeit, Lustlosigkeit und Resignation in ihrer Erscheinung. Ich kombinierte diese Eigenschaften mit ihrem Blick von vorhin. Es gab keinen Zweifel ob der Richtigkeit des Resultats: Tiefe Enttäuschung war es, was man in den Augen der Frau lesen konnte. Sie schien maßlos ernüchtert, war am Ende jeglicher Illusion.

Aber verwunderte dies? War nicht sie es, die früher leichten Schrittes und fein parfümiert die Treppe hochgegangen war? Ihre Haare hatte sie damals blond gefärbt und aus dem Gesicht gekämmt getragen. Sie trug einen schwarzen Ledermantel. Sie sah gut aus. Sie war schlank und gepflegt. Dann sah man sie plötzlich nicht mehr.

Vor wenigen Tagen tauchte sie in meiner Abteilung auf, als temporäre Arbeitskraft. Sie war alt geworden, war aufgedunsen und bleich. Es schien, als hätte die Frau ihren Antrieb verloren, als konnte oder wollte sie nun nicht mehr verbergen, was vielleicht schon lange in ihr geschlummert hatte: eine unbeirrbare Ernüchterung aufgrund der Einsicht: Man muss nicht um jeden Preis wirken. Es gibt nichts dabei zu gewinnen. Es lohnt den Aufwand nicht.

Warum die Frau enttäuscht war? Was weiß ich. Eine mögliche Erklärung ist diese:

Es lohnt den Aufwand nicht, wenn keine Anerkennung zurückkommt. Enttäuschung tritt dann ein, wenn über zu lange Zeit keine Veränderung zum Besseren in Aussicht steht, wenn das Leben in Monotonie zerrinnt, ohne dass je ein Lichtblick am Horizont auszumachen gewesen wäre. Ein Lichtblick? Im Falle der Frau vielleicht eine nette Bekanntschaft, welche ein gemeinsames Projekt ermöglicht, eine Zukunft aufgezeigt hätte?

Stattdessen musste sie sich nun in meiner Abteilung einschulen lassen. Das war mit Sicherheit nicht die Zukunft, die sie sich gewünscht hatte. Aber es gab nichts, nach dem sie hätte greifen können, nichts, das dem entsprach, was sie glaubte verdient zu haben. Die Frau bewegte sich in einem verbindungslosen Raum und war, inmitten unter Menschen, völlig isoliert.

VOM SCHICKSAL

Wer sagt denn, dass das Leben
etwas anderes sei denn pure Anarchie?

Umsicht und Sorgfalt, meinen wir, können uns bewahren vor Unglück. Wir sagen, es liege in unseren Händen, unser Schicksal. Wir müssen es nur zu formen wissen und mit Klugheit Klippen umschiffen. Wir hätten gerne, dass dem so wäre, dass wir aufrichtig behaupten könnten: Der Umsichtige verschaffe sich Sicherheit, Respekt und Übersicht in seinem Leben.

Im Leben ist überhaupt nichts sicher. Wir ahnen es. Weder Umsicht noch Intelligenz noch Sorgfalt bewahren uns vor harten Schlägen. Unser Schicksal ist es eben, nie zu wissen, wohin wir gehen und was auf uns zukommen wird. Es gibt kein sicheres Leben.

Eine Definition von Leben ist, so könnte man es vielleicht auf eine Formel bringen, das Anarchische daran auszuhalten und es dennoch zu bejahen.

Das Anarchische aushalten und es bejahen?

– Bleiben wir nüchtern und wachsam (dem Unformbaren, dem Unvorhersehbaren gegenüber). Seien wir Existentialisten! Lassen wir uns nicht davon abhalten, das Unsrige kundzutun.

INNERE UND ÄUSSERE WIRKLICHKEIT

*Die größten menschlichen Tragödien
finden in der Stille statt.*

Birrenbaum saß ruhig da und schaute, leicht lächelnd, auf das Display seines Handys.

Beim genaueren Hinsehen bemerkte ich, wie seine Wangen zitterten, als würde Wind in sein Gesicht blasen. Sein ganzer Kopf schaukelte, ich sah es nun deutlich. Er wurde von einer immer heftigeren Böe geschüttelt und hin und her geworfen. Seine Backen bebten, seine Lippen wackelten und wurden deformiert nach hinten gedrückt. Schließlich lief ihm Tränenwasser, das ihm die Luft aus den Augendrüsen zwang, über die Schläfen zu den Ohren. Sein Blick aber blieb ruhig.

Da sah ich es, Birrenbaums Entsetzen, sein inneres Leiden, seine Trostlosigkeit, während er still dasaß und mit großen Augen, selbstvergessen lächelnd, auf sein Handy starrte.

Wir lernen *zwingend* am Leben. Dies ist die ureigenste Erfahrung, die jeder selber machen muss und für die es keine Schulung gibt.

VON DER NÜTZLICHKEIT

Monotonie

Wir tun ja alles, nein, wirklich alles (Schule, individuelle Förderung, Weiterbildung, Kurse, Ausbildung, genügend Taschengeld), damit ein junger Mensch sich *leicht* in die Gesellschaft integriere. Wir wissen, es bleibt ihm nichts anderes übrig. Er kann es sich nur schwer oder weniger schwer dabei machen. Wir wissen auch, dass wir ihm nicht viel zu bieten haben denn eine lange andauernde Monotonie. Und wir hoffen, dass der junge Mensch diese ohne Widerstand akzeptiert, auch für sein Leben. Dass er nicht daran leide, jeden Tag, wie wir daran leiden, jeden Tag, gönnen wir ihm – aber wir glauben nicht daran.

Bereit sein, hinauszuhorchen. Wenn wir ihm einen Rat geben wollen, ist es dieser: Sei bereit, hinauszuhorchen. (Besseres können wir nicht tun. Es ist das einzig brauchbare Mittel gegen das Leiden an der Monotonie.)

EINGLIEDERUNG

Und immer hat man dir die Anpassung vor Augen geführt ...

Warum ein junger Angestellter, ein Arbeiter wenig weiß und kann? Warum er „Herdentier" ist, das sich gerade einmal für Fußball, Bier und tolle Autos interessiert?

Er ist Produkt eines Systems, das an ihm kein anderes Interesse hat denn seine Eingliederung in die Arbeitswelt und damit in die Gesellschaft.

Das System raubt ihm alle Zeit.

Wenn sich nun einer retten will vor der bloßen Existenz in Funktion zur Gesellschaft, wenn er sich einen eigenen Blickwinkel erlauben will, da er die Falschheit, das Ungenügen eines solchen Daseins empfindet, wird er einen einsamen Kampf auszutragen haben.

Es wird ihn niemand dabei unterstützen. Selbst seine Familie, Vater und Mutter, werden ängstlich darauf bedacht sein, seine Eingliederung in die Gesellschaft, seine Funktionstüchtigkeit so reibungslos wie möglich abzuwickeln. Sie selber haben es am eigenen Leibe nicht anders erfahren und haben folglich kein Sensorium und kein Wissen für eine individuelle Förderung ihres Zöglings.

Niemand wird somit dem jungen Menschen einen Vorwurf machen, wenn er sich in seine Anpassung schickt, könnte man denken, er tut damit genau das, was allen Beteiligten kein Ungemach bereitet.

Es lässt sich nun aber Folgendes beobachten: Für seine fraglose Eingliederung in die Norm wird der junge Angestellte nicht respektiert, sondern verachtet. Das Mittelmaß, das er nun widerstandslos verinnerlicht hat, irritiert sein Umfeld. Gerade Eltern, die gerne in ihren Zöglingen etwas Besonderes sehen möchten, sind, trotz ihres eigenen einfachen Lebens, ernüchtert oder gar enttäuscht. Der Sohn, die Tochter haben so gar keinen Glanz an sich, keinen Stil und keine Raffinesse. Sie sind wohl in die Gesellschaft integriert, dabei aber vorzeitig in ihrer persönlichen Entwicklung stehengeblieben.

In dieser zweifelhaften Situation muss der junge Mensch, der Angestellte, der Arbeiter leben: Seine Integration hat er hinter sich gebracht und muss sich nun dafür rechtfertigen, mit wenig zufrieden zu sein. Er weiß nicht viel und gibt seine ganze Zeit dafür her, eine mehr oder weniger gleichförmige Arbeit auszuführen.

Er wird dafür niemandem persönlich böse sein oder Vorwürfe machen. Zu stark sind die Kräfte, die ihn darauf verweisen, dass es so richtig, dass dies der natürliche Gang der Dinge sei.

Falls in ihm dennoch etwas schlummert, das ihn ein Mehr, einen größeren Horizont erahnen lässt, dann wird er jenen besagten Kampf aufnehmen müssen. Er wird aber nicht so unvernünftig sein, seine ganze Existenz dabei aufs Spiel zu setzen. Sein Kampf wird demnach innerlich sein. In der Reibung an den gesellschaftlichen Normen wird der junge Mensch seine Wahrnehmung schärfen. Es wäre nicht verwunderlich, wenn er seine eigene Situation als Angestellter zum Gegenstand anthropologischer Untersuchungen machen würde.

GEFANGEN

Ich mag nicht mehr, dachte Frau Zwetschgenbaum.
Dabei hatte sie alles noch vor sich, für viele Jahre:
das Job-Erledigen, eine nette Bekanntschaft, die von
Dauer war. Zwetschgenbaum war 30 Jahre alt. Hatte
sie nicht bereits schon viele Jahre den Job erledigt und
gelebt in Einsamkeit? Was konnte sie tun? – Nichts.
Und damit war sie eine unter Unzähligen, eine Ge-
fangene im eigenen Leben.

Es war kühl und es regnete mehrere Tage. Sie verließ ihre
Wohnung kaum, alle drei Tage musste sie etwas Essen ein-
kaufen im kleinen Shop an der Ecke. Ansonsten verbrachte
sie ihre Zeit vor dem Laptop oder vor dem Fernseher. In der
Welt draußen passierte viel. Sie kam sich vor wie gefangen.

Als es erneut warm wurde, trat sie ins Freie und blin-
zelte in die Sonne. Vor ihr lagen die blendenden Fassaden
der Häuser links und rechts der Straße. Wo führte diese
Straße hin? Bis zur Brücke, vorne am Fluss, dort war sie zu
Ende. Wieder kam sie sich vor wie gefangen. Sie entschied
sich für einen Spaziergang zum Fluss. Fließendes Wasser
würde ihr guttun, dachte sie.

Der Fluss führte sie ans Stadtende im Westen. Bei der
Autobahneinfahrt blieb sie stehen und kehrte schließlich
um. Auch hier war sie an eine Grenze gelangt. Sie war
gefangen in der Stadt.

Aber diese Gefangenschaft war noch die harmlosere.

Ihre innere Gefangenschaft war schlimm. Diese hatte

nichts mit dem Geschehen in der Welt, den vier Wänden der Wohnung, den Häusern der Straße und der Stadtgrenze zu tun. Der innere Kerker war überall und sie sah kein Mittel, sich ihm zu entziehen. Solange sie die Leere nicht zu füllen wusste, würde sie gefangen sein. Es war ihr dies wohl bewusst. Aber das nützte nicht viel.

Die Leere blieb.

Am folgenden Tag waren ihre Ferien zu Ende. Sie würde erneut die Arbeitszeiten und die Absenzen der Mitarbeiter erfassen und dabei, für einige kurze Augenblicke wenigstens, die Leere verdrängen. In diesen Momenten der vollsten Legitimation ihrer Gefangenschaft konnte sie sogar guten Gewissens sagen, sie sei zufrieden.

EINORDNUNG UND UNTERORDNUNG

Und folgsam hast du dich angepasst ...

Und da rennen, fahren wir an unseren Arbeitsplatz. Alle haben wir das Gefühl dabei, viel zu geben und wenig zurückzubekommen. In uns hallen die altbekannten Muster und Sätze: „Du kannst froh sein, dass du überhaupt ..." oder „Es macht es jederzeit ein anderer". Unseren inneren Widerstand, unsere Aggression richten wir gegen uns selber, schuldbewusst, und nie wagen wir einen Schritt zu tun zu unserer Befreiung, die darin mündet, *unseren Träumen nachzuspüren*. Es wäre unvernünftig, gefährlich und anmaßend. Wir wissen es. Und so verharren wir in unserer Gefangenschaft. Unsere Gesellschaft ist eine Ansammlung von fremdbestimmten und mutlosen Gefangenen, folgsam bereit, eher sich selber denn einem System zu schaden, das nichts denn ihre Ein- und Unterordnung zulässt.

Wenn wir hier mit uns im Reinen und zufrieden sein können, dann nur, weil wir weitestgehend resigniert haben. Wir verstehen dann auch die Philosophen nicht mehr, die gegen diese Ein- und Unterordnung anschreiben und an das Träume-Nachspüren erinnern. Wir finden, sie seien abgehoben ...

WILLKOMMEN ZURÜCK IN DER FARBLOSIGKEIT

Das Glück müssen wir uns bauen und in der Realität ist es nur, wenn wir es dort hineinpflanzen.
Die Erkaltung dieses Strebens, dieses Willens zum Glück, passiert in unserer täglichen Fremdbestimmung.
An diesem Niederlegen, dem Unterbrechen unserer Haupttätigkeit führt kein Weg vorbei. Wir sind dabei Zeugen unserer eigenen Dekomposition.

Das Schlimme an unserer Alltagsroutine ist: Wir nehmen die Welt nicht mehr richtig wahr oder nur noch auf den Arbeitsprozess bezogen. Wir limitieren und verkleinern unser Denken dabei. Dass wir mental eingeengt sind, können wir leicht feststellen, nachdem diese Einengung einer Öffnung gewichen ist, die uns die Welt wieder sehen lässt – nach einer geraumen Auszeit. Unsere Offenheit aber geht wieder verloren mit der Rückkehr in die Gleichförmigkeit. Wir müssen dies hinnehmen. Es bietet sich uns eine trostlose Aussicht (die dem obigen Titel entspricht).

Wie wir diese Farblosigkeit hinauszögern oder gar durchbrechen können, das ist die Frage.

Wie holen wir uns Freude, Farbe in unser Leben? – Wenn wir uns unsere Offenheit und Entspanntheit zurückerobern. Wenn wir Dinge sehen *wollen*. Einen Sonnenstrahl an einer Hausfassade, zum Beispiel. Denn dieser Sonnenstrahl weist in eine Zukunft. In eine lichtvolle Zeit.

Unterschätzen wir die Wirkung dieser Richtungsangabe nicht. Halten wir unserem täglichen Zeit-Abarbeiten, unserer Gefangenschaft, einen *Zeitplan* entgegen. Alles hat seine Zeit und einmal ist diese Zeit vorbei – auch die Farblosigkeit, die Lichtlosigkeit, die Leere.

Das Schöne an der Sonne ist, dass wir, wenn wir über solches nachdenken und dabei die Dinge nicht immer klarsehen, dennoch sie haben und uns in ihr vollumfänglich wohlfühlen.

Wenn wir die Dinge nicht klarsehen und dabei eingesperrt sind in einem schattigen Zimmer, fühlen wir uns weniger wohl. Wir scheinen unnötig Zeit zu verlieren.

In der Sonne verlieren wir nie Zeit.

LASSEN WIR BLUMEN BLÜHEN

So kommen wir zu unserem eigenen Sound (Antwort auf die Frage, inwiefern Schule und Kindheit prägend sind für später), indem wir uns über diese frühe Prägung hinausheben wollen, ohne sie zu verneinen, aber auch ohne ihren damalig weitestgehend fremdbestimmten Sound gutzuheißen.

Es blubberten leise Synthesizerklänge aus den Boxen des MP3-Players in der Werkstatt. Genau so muss sich Birrenbaum fühlen, dachte ich. Er saß einsam auf einem Stuhl und flickte etwas zusammen. So wie dieser Sound verloren in den Raum schwebt, sieht es in ihm aus.

Ein wenig später sah ich ihn am Fenster stehen. Er schaute lange in die Nacht hinaus.

Es muss nicht heißen, dass Birrenbaum für immer verloren war. Ziemlich sicher sogar war er das nicht. Denn er hörte Musik. Intelligenz, könnte man vielleicht sagen, macht weniger eine rasche Auffassungsgabe aus denn das Verfügen über den Willen, unserem Leben Glanz zu geben durch Dinge, die uns innerlich aufhellen. So gesehen durfte man vermuten: Birrenbaum ging in eine lichtvolle Zukunft.

MUSIKALISCHE KRÄFTE

Der Himmel ist blau. Die Bäume blühen. Nichts ist sicher. Es ist schön, aber schrecklich traurig zugleich. Warum wir dies schreiben? Weil wir oft daran denken und weil wir es nicht richtig fassen können.

Wenn man mich fragen würde, was denn eigentlich die Kraft, die „Power", die Energie eines Musikstücks ausmache, lautete meine Antwort: Lebensfreude und Sehnsucht.

Lebensfreude versteht man. Man hat Spaß am Leben. Es läuft etwas. Dinge bewegen sich. Das hört man einer Musik an.

Sehnsucht ist weniger deutlich im Ausdruck, wird unterschiedlich oder gar nicht wahrgenommen. Sehnsucht wonach? Nach einem anderen Leben? Nach einem gelungenen Leben? Nach Liebe, nach dem Gesunden?

Der *Jugband Blues* von Pink Floyd, zum Beispiel, drückt Sehnsucht aus nach Aufbruch. Er scheint mir zuzurufen: Brich auf, mach etwas in deinem Leben! Gehe einen Weg! Seine Energie lässt mich nicht gleichgültig. Sie transportiert große Sehnsucht nach einem Weitergehen in eine andere Welt. In eine farbige Welt. Und doch schwingt darin auch eine untröstliche Trauer mit. Denn mit dem Weitergehen in eine andere Welt verlässt einer diese Welt. Und es ist anzunehmen, dass er es für immer tut.

Oder *Blueberry Hill* von Fats Domino: Dieser Song transportiert Sehnsucht nach einem integren Dasein. Fast schon bieder klingt das Piano, aber es hat Wärme. Menschliche

Wärme. Und es ist zuverlässig. Es sagt mir: Verzeih mir, ich wollte es richtig machen. Aber ich bin ein Normalsterblicher. Sei nicht zu streng mit mir. Ich bin nicht unfehlbar und es ist mir nicht alles gelungen. Aber meine Absicht war aufrichtig. Ich war loyal und nicht berechnend.

Oder *The Witch's Promise* von Jethro Tull: Einst, in einem früheren Dasein, war es so: Mit einem Pferd geht einer über ein weites Feld. Es ist Winter. Überall Sonne und Schnee. Sehnsucht nach – so vielem – nach dem Du, nach Leben. Integrität und Rechtschaffenheit, Freundschaft und Gesundheit. Hier sind wir zuhause. Man lege nach mit dem melancholischen *Look Into the Sun*, Sehnsucht nach dem Du auch hier. Man ist in guter Gesellschaft.

Oder nehmen wir *Look at Yourself* von Uriah Heep. Das ganze Album. Lebensfreude pur. Weniger Sehnsucht, aber Bestätigung eines stimmigen Zustandes. Man ist guter Dinge. Es läuft rund. Natürlich erzeugte diese Musik, live gespielt, „Power". Und Uriah Heep war eine Liveband. Eine Hammond-Orgel über einen aufgedrehten Verstärker erzeugt Wucht. Aber es war nicht nur die laute Orgel. Es waren die Songs. Sie hatten Lebensfreude. Sie hatten Energie und Dynamik. Laut gespielt waren sie ein Kraftpaket.

Ich gebe hier eine kurze Definition, was – für mich – gute Musik ausmacht. Musik ist Geschmackssache, sagt man auch. Da bin ich anderer Meinung. Sie ist Äußerung eines inneren Zustandes, Ausdruck von menschlichem Leben. Nichts weniger.

VON MUSIKALISCHEN UND MENSCHLICHEN MÄCHTEN

Unsere persönliche Macht halten wir intakt!

Bolliger wippte fast unmerklich mit dem Kopf, während über die Lautsprecheranlage der Produktionshallen, anlässlich eines Tests, Bob Marley erklang. Er schien den Sound zu mögen, schien sich wenigstens nicht dagegen zu wehren. Die Musik allerdings schepperte laut und scheußlich. Die Soundqualität der Anlage war eine Zumutung.

Aber es passte alles zusammen: der seine unzumutbaren Bedingungen akzeptierende Angestellte, der sich in alles schickte, was man ihm auflud. Und die Tatsache, *dass* man es ihm auflud, scham- und respektlos.

Dann dröhnten George Michael und Boney M. daher, schließlich Michael Jackson, Madonna und Boy George. Alles klang ganz schrecklich – und in einer Lautstärke! Die 80er Jahre waren musikalisch impotent, künstlerisch ein verlorenes Jahrzehnt, es war offensichtlich.

Aber Bolliger wippte im Takt mit dem Kopf, während der billige Schlagzeugsound und die staubigen Chorusgitarren jener Epoche auf ihn hinunterlärmten, hinunterdonnerten, sich in sein Gehör hineinfrästen.

Er war sicherlich keine Macht, Bolliger, in mentaler Hinsicht. Aber sein Schädel war mächtig, mit großen Ohren und weißen struppigen Haarbüscheln, die in alle Richtungen standen. Sein Mund lächelte leicht. Der Mann schien ohne Revolte. Er war es gewohnt, sich unterzuordnen, sich zu fügen, Dinge über sich ergehen zu lassen, auch solche, die keinerlei Qualität aufwiesen.

Wenn einer meint, wir lebten doch im 21. Jahrhundert, was will er damit sagen? Dass wir im Zusammenleben weitergekommen sind?

Diese Dinge passieren jetzt. Solche Umstände sind heute. Da stehen wir.

Inwiefern, genau, sind wir weitergekommen?

MACHTGEFÄLLE

Das Sensorium für Machtgefälle
prägt unsere Wahrnehmung der Welt.

Von der ersten Stunde an finden wir uns in Konstellationen und Bedingungen wieder, die uns herausfordern, da sie uns Eingliederung und Anpassung auferlegen. Ein Sensorium für Machtgefälle entwickeln wir daher schon sehr früh: in der Kindheit gegenüber unseren Eltern. Später, in der Schule, gegenüber Klassenkameraden. Noch später, in der Ausbildung, gegenüber Lehrern und Professoren. Schließlich spüren wir es am Arbeitsplatz neben Vorgesetzten, zeitweise neben Lebenspartnern, bei unseren Kindern gegenüber uns.

Unser Sensorium für Machtgefälle begleitet uns das ganze Leben. Wir haben es dauernd in uns. Es prägt unsere Sicht der Welt. Wie wir etwas beurteilen, wie wir etwas empfinden, wie wir etwas einschätzen, wie wir etwas tun, wie wir uns einordnen in der Gesellschaft, wird dadurch beeinflusst und gesteuert.

Die Frage ist nur, wie wir in dieser lebenslangen Prägung des Mächteringens unsere persönliche Macht, unser oppositionelles Denken entwickeln und ausbauen können.

Dies tun wir, indem wir uns einen Auftrag formulieren, der unsere vollsten Kräfte beansprucht.

MACHTSTÄRKEN

Wir und die Norm

Es gibt verschiedene Stärken an Macht. Wenn unsere persönliche Macht schwach ausgebildet ist, so denken wir, weichen wir der „Macht der gesellschaftlichen Normierung". Die Vorstellung, uns anzupassen, Denkmuster zu übernehmen und dabei immer mehr zu verblassen, ist nicht angenehm. Wenn unsere persönliche Macht stark ist, kann uns kaum eine andere, externe Macht irritieren.

Wie stärken wir unsere persönliche Macht? – Indem wir unentwegt nach dieser Stärke in uns forschen. Wenn wir genau sagen können, worin unsere persönliche Macht besteht, festigen, stärken wir sie. Wir betreiben Profilierung in eigener Sache.

Der Begriff „gesellschaftliche Normierung" ist darum negativ behaftet, weil er die Vernachlässigung unserer wichtigsten Hausaufgabe suggeriert: Unsere unentwegte Forschung in eigener Sache, unser unermüdlicher Einzelgang zu uns.

Wenn wir aber dieser Hausaufgabe nachkommen, dann ist die gesellschaftliche Normierung nichts, das uns Angst machen muss. Im Gegenteil, an ihr werden wir unser Forschen messen. Sie dient uns als Referenz dabei, unseren Forschungsstand zu überprüfen.

Wer genau übt die Macht der gesellschaftlichen Normierung aus? – Wir selber. In der Welt gibt es diesen einheitlichen Normierungsblock nicht. Er ist unsere Fantasie, ein Feindbild, an dem wir uns aufbauen. Wir führen einen Machtkampf in uns selber.

Dass die gesellschaftliche Normierung als Fantasie in unseren Köpfen stattfindet, zeigt die Tatsache, dass jeder findet, der andere sei normiert. Wir selber sind es nie.

Dass wir unseren, uns Kräfte verschaffenden, Feind selber produzieren, sehen wir auch bei alten Menschen, die dies manchmal nicht mehr tun und sich zahm und gefügig externen Mächten überlassen.

Wie gesagt: Diese Fantasie, dieses Schreckgespenst, hilft uns, unsere Sinne zu schärfen, uns zu wappnen, zu stärken in unserer Opposition gegen wirkliche externe Mächte, die überall in unserem täglichen Leben mit hineinspielen: in der Familie, der Schule, am Arbeitsplatz, in den politischen Institutionen, in denen wir leben, in unseren Beziehungen zu anderen.

DIE SITZUNG

Um inspiriert zu sein, brauchen wir Ruhe und Abgeschiedenheit. So können wir uns mit der Welt gedanklich verbinden. In Gesellschaft anderer Menschen sind wir kaum inspiriert. Zu sehr sind wir abgelenkt durch unser Bemühen um Verbindung zu ihnen.

„Ich kann nicht mehr", murmelte Wägelin im Sitzungszimmer am Montagmorgen. Er blickte in die Gesichter der Menschen, die mit ihm am Tisch saßen: leere Blicke. Keiner von ihnen konnte etwas geben. Da war nichts vorhanden. Die junge Meierhans vom Backoffice plapperte unbedacht über ihre alkoholischen Exzesse in den letzten Ferien, während ihr Kollege Meili, aber, und das erschütterte Wägelin am meisten, auch Kraus an ihren plumpen Ausführungen sichtlich Anteil nahmen. Kraus' stumpfe Augen glänzten in seinem verbrauchten Bohemiengesicht bei der ausschmückenden Schilderung der jungen Dame. Wahrscheinlich wäre er gerne dabei gewesen. Wägelin war trostlos. Dass Meierhans sich nicht schämte, solchen Mist von sich zu geben. Aber es konnte nicht darüber hinwegtäuschen, dass auch ihre Augen leer waren, genauso leer und glanzlos wie diejenigen von Frau Denzler, die verloren neben ihrem Chef Kraus saß. Außerdem war da noch Wertmüller, Wägelins Vorgesetzter. Apathisch kaute er an seinem Kugelschreiber.

Schließlich begann Bosshard mit dem Referat. „Creativity, Confidence, Collaboration, werte Kolleginnen und Kollegen, wir kennen alle unser Leitmotiv", eröffnete er.

Wir sind alle verloren, dachte Wägelin. Er schaute in die Runde. Diese Menschen waren am Ende. Sicherlich, sie machten ihre Arbeit, ihren Job. Aber da war kein Feuer. Kein Leben. Die Monotonie ihres Alltages hatte sie alle an einen Punkt geführt, wo es sichtbar wurde in ihren Gesichtern: die Reduktion zum Nichts, zur Gehaltlosigkeit, zu einem immer dichter werdenden Dämmerzustand. Je älter die Teilnehmer waren, desto hoffnungsloser und einsamer schienen sie. Wertmüller, zum Beispiel, von was lebte der eigentlich innerlich? Gab es da, neben dem Job, noch etwas, das diesen Mann lebendig hielt? Oder war sein Beruf auch Berufung? War es das? Konnte Wertmüller sagen, alles, was er je zu erträumen gewagt hätte, hatte sich erfüllt in seinem Dasein als Abteilungsleiter? Konnte er sagen, seine Arbeit in diesem Unternehmen war das für ihn maximal Erreichbare, die vollste Verwirklichung? Genährt und gesättigt würde er jeden Abend nach Hause gehen und am nächsten Morgen mit Freude wieder zurückkommen? Wenn es so wäre, warum waren seine Augen so leer, ohne Freude, ohne Leben? Trostlos schien Wägelin alles, traurig und verloren. „Optimieren", hörte er Bosshard sagen, „Verbesserungsstrategien. Wir wollen gewinnen. Ein zweiter Platz ist keine Option." In den Augen der Teilnehmer der Sitzung waren zu sehen: Trauer, Trostlosigkeit und Verlorenheit.

Hinter dem Kopf von Kraus hing ein Kalender. Es war eine Landschaft darauf erkennbar. Rapsfelder im April. Wägelin schaute sich das Bild an. Ein Baum stand da, blühend, inmitten der gelben Felder, darüber zogen Wolken. Am Horizont stand ein Häuschen. Wir Menschen machen es uns zu einfach, dachte er. Wir lassen uns treiben, gehen den Weg des geringsten Widerstandes. Wir treten ein ins Berufsleben. Geben unsere beste Zeit daran. Oft kommt es gar nie zu einer echten Auseinandersetzung mit uns selbst. Wer bin ich eigentlich, was will ich sagen? Was kann ich? Was kann ich den Menschen geben? Stattdessen schlagen wir die Zeit tot. Ratlos wählen wir *irgendeinen* Weg, um unser Brot zu verdienen, lassen uns ein Leben lang fremdbestimmen und ablenken. Dabei bleibt es dann.

Persistance is the key to extraordinary achievements, projizierte Bosshard an die Wand am unteren Ende des Sitzungstisches, redete dann von „Supplements", „Nootropics" und einem auf die Person zugeschnittenen Ernährungsplan.

Das ist es, was die Augen von Frau Denzler sagen, dachte Wägelin: Ich sehe keine Bilder mehr, in meinem Innern ist es dunkel und grau. Wägelin hatte Mitleid – und er fühlte sich allein. Allein mit dem Wissen, die Pflicht zu haben, mehr aus sich zu machen, als mit geschwellter Brust zu sagen: Ich habe es zum Sachbearbeiter gebracht. Denn dies sah er deutlich: Niemand war erfüllt an diesem Tisch und niemand hatte den Mut, etwas zu ändern. Wenn man schon ein biblisches Wort in den Mund nehmen wollte, dann war es hier wohl dies: Sie lebten in Sünde. Die Monotonie macht die Menschen mutlos und ängstlich. Und je mehr sie sich einrichteten in dem engen Zimmer ihres kurzen Daseins, desto maßloser und ungeheuerlicher schien es ihnen zu sein, wenn einer einen anderen Maßstab anlegte. Er könnte die Monotonie durchschlagen, sie zerfetzen. Dann würde er das machen, was sie nie gewagt hätten. Nichts ist den Menschen unerträglicher, als wenn einer über sie hinaussteigt. Aber die Wahrheit wissen sie alle: Wir verschwenden unsere Zeit für Nichtigkeiten. Wir haben keine wirklichen Ansprüche an uns. Wir meinen, es stehe uns nicht zu. Die Wahrheit, sie hat einen scheußlichen Geschmack. Das sah Wägelin in den Gesichtern seiner Mitarbeiter. Ein Gesicht, ob es will oder nicht, spricht irgendwann eine klare Sprache, eine, die all das sagt, was selten oder falsch oder gar nie aus den Mündern kommt.

„Das Beste aus uns herausholen für die Firma. Unser Potenzial befreien, liebe Kolleginnen und Kollegen! Ich danke für die Aufmerksamkeit", beendete Bosshard sein Referat.

Wir sollten uns in die Welt einbringen, nicht vorzeitig stehenbleiben, dachte Wägelin, indem wir uns um Bewusstmachung bemühen und darüber nachdenken, was uns innerer Reichtum sein kann. Wir sind dies unserem Leben schuldig.

„Lassen Sie sich nicht ablenken, Frau Meierhans!", tönte er in den ruhigen Sitzungsraum.

„Wie bitte?", kam es zurück.

„Ihr junges Blut und ihre Unwissenheit treibt Sie dazu, das zu machen, was fast alle in Ihrem Alter tun: Sie suchen im Rausch Echtheit und Intensität. Dies vermissen Sie im alltäglichen Leben. Und Sie wissen nicht, wie dahin gelangen ohne Hilfsmittel. Irgendwann werden Sie einen klaren Kopf wollen. Dies hoffe ich. Sie werden wissen wollen, wozu Sie da sind, wo Ihre Aufgabe ist. Und ich wünsche Ihnen, dass Sie nicht sagen müssen: Meine Aufgabe ist im

Backofficebereich oder meine Aufgabe sind Kinder, mein Mann, meine Familie, meine Wohnung, mein Auto."

Frau Meierhans schaute aus wunden Augen zu Wägelin hinüber. Zu der Leere, der Trostlosigkeit trat nun auch noch Schmerz hinzu. Sie schien, und das erstaunte Wägelin doch, verstanden zu haben, was er meinte.

„Sie haben leicht reden, Herr Wägelin", sagte sie. „Sie sind älter als ich. Lassen Sie mich die Erfahrung machen, meine Mittel zu finden, wo dies möglich wird."

Dagegen ließ sich nichts einwenden. Wägelin lächelte ihr zu. Kluges Mädchen, dachte er. Aus der könnte etwas werden.

Und zu seiner Überraschung wurden seine eigene Schwere und die drückende Einsamkeit ein wenig leichter, erträglicher. Es gab, wenn auch nur ganz kurz, eine Verbindung zwischen ihm und einem anderen Menschen.

„Neuland, ich sehe Neuland", murmelte er.

Die Sitzung war geschlossen.

WAHRHEIT

Neuland

Wägelin verließ das Sitzungszimmer, nahm den Lift ins Erdgeschoss, ging am Empfang vorbei zum Haupteingang und trat ins Freie. Für einige Momente verhielt er still im Sonnenlicht.

Eine Mitarbeiterin berichtete später, sie habe Wägelin gesehen, wie er vor der Drehtür stand, mit geschlossenen Augen, den Kopf, aber auch die Handflächen gegen die Sonne erhoben ...

LICHT UND ENTFREMDUNG

Gehe in der Sonne, immerzu.

Wenn die Sonne so richtig auf den Asphalt herunterbrennt, an einem heißen Sommertag, wenn sie senkrecht am wolkenlosen Himmel steht, dann ist die Entfremdung am größten, am schneidendsten spürbar, weil dann die Bauarbeiter weiterarbeiten, schwitzend, staubig, als wäre diese Sonne nicht der Rede wert, als würde es sie gar nicht geben. Diese Bauarbeiter haben einen Vertrag zu erfüllen, sie sind gebunden und gezwungen, in der Hitze und dem blendenden Licht auszuharren. Genau wie Büroangestellte, die, im selben Augenblick, in schattigen Räumen an ihren Computern sitzen, hinter Doppelglasfenstern, fern vom Wetter, von der Sonne, von der Wärme, einen wunderschönen Tag verpassend, vorbeistreichen lassend, ungenützt. Ihre Arbeit kann auch in der Nacht oder bei Regen gemacht werden. Sie bleibt sich gleich. Aber auch diese Büroangestellten sind vertraglich gebunden, können nicht einfach in die Sonne hinaus und ihre Arbeit liegenlassen. Es geht dies nicht, es ist nicht möglich.

Was ist Entfremdung anderes als die Unmöglichkeit einer Reaktion, das Akzeptieren der Gefangenschaft in einem Gefüge, die einer Totenstarre zu Lebzeiten gleichkommt? Die größtmögliche Distanz zur Welt verschafft sich der Mensch freiwillig, in der Meinung, es müsse so sein.

LEICHTES SPIEL

*Dunkle Geheimnisse und innere Tragödien erfinden
wir nicht, wir erleben sie.
Wer sich inszeniert, fällt durch, zu einhundert Pro-
zent.*

Simona Meierhans lächelte immer noch. Sie lächelte und
konnte es nicht glauben, wollte es nicht wahrhaben, dass
ihr soeben die Felle davonschwammen. Sie war es gewohnt, zu gefallen, zu brillieren. Und Freundlichkeit war
bis jetzt ein geeignetes Mittel dazu.

Schon war Erstarrung im Gesicht der jungen Frau auszumachen, ein eingefrorenes Lächeln war es geworden. Ihre
Augen schauten ernst und leer und mehr gegen innen denn
auf das Äußere. Wo, innen, der Fehler passiert war, wollten
sie sehen. Und dass ein Fehler dort passiert war, musste
sein. Denn das Äußere entwickelte sich unerwartet, nahm
nicht den Verlauf, den sie durch Freundlichkeit jeweils zu
ihren Gunsten beeinflussen konnte.

Man schleuderte ihr ein deutliches „Nein" entgegen, wo
für sie ein „Ja" selbstverständlich war. Was also war der
Fehler? Sie forschte in sich und es fand sich nicht sogleich
eine Antwort. Noch war sie der Meinung, im Recht zu
sein, alles noch vor sich und dabei ein leichtes Spiel zu
haben.

Ein wenig später, nach weiteren Rückschlägen – am Arbeitsplatz lief es nicht rund, es stagnierte ihre berufliche
Entwicklung, und eine zweite Liebschaft ging soeben in

die Brüche – konnte sie wieder lächeln. Es war nun ein anderes Lächeln, weniger keck, es fand sich eine Spur von Resignation darin – jedoch nicht nur. Das Leben war kein leichtes Spiel. Sie wusste es nun. Aber es war auch nicht unmenschlich. Im Gegenteil, es war eben alles sehr menschlich. Es gelang ihr dann, eine wirksame Formel für sich zu finden:

Vertraue nicht auf die Wirkung deiner Person. Formuliere dir einen Auftrag und halte dich an ihn.

Die Lücke zu schließen zwischen deiner Wahrheit, deiner Realität und dem, was du als solche anbietest, verkaufst, inszenierst oder selber vielleicht wahrhaben willst, soll dir ein Anliegen sein, um in deinem Leben und zugleich in der Welt wirklich anzukommen.

Du musst dazu diese Lücke überhaupt sehen; und dich dann auf eine Erinnerung besinnen: Eine verinnerlichte Sonne, dein Kern sind dir Kompass, jederzeit. Du darfst dich auf dich verlassen.

(Meierhans war nun nicht mehr darauf angewiesen, dass andere sich eine Meinung über sie machten. Ihr Leben war ihr eigenes Projekt. Sie dachte sich frei zur Existentialistin.)

VOM STÜRZEN

Bis zu welchem Grad wir uns verbiegen, um etwas zu
bekommen, von dem wir glauben, dass es uns gehört ...
Geben wir uns schlüssige Antworten:
Wozu wollen wir es unbedingt?
Was verbessert es in unserem Leben?
Was gewinnen wir dabei, wenn wir es nicht bekom-
men?

Hör doch auf, dachte ich, als ich Bosshard reden hörte. Glaubst ja selber nicht, was du erzählst. Und in der Tat: Schnell bekam er kalte Füße und machte einen Abgang, als es eng wurde. Das ist ein Problem, nicht wahr, wenn einer sich selber nicht glaubt. Schöne Worte allein machen keinen stabilen Bau. Schnell bricht das Kartenhaus zusammen, wenn Luft aufkommt.

Ein Bau ist stabil, wenn seine Konstruktion sauber fundiert und verankert ist. Man kann in Unwahrheiten nichts verankern. Auf Worte, die den Menschen nicht richtig fassen, lässt es sich nicht bauen. Bosshards Performance war schnell erschöpft. Sein innerer Zustand stimmte nicht mit seiner angelernten Haltung überein.

Machen wir uns nichts vor. Verneinen wir uns nicht. Es lohnt sich nicht. Wenn wir uns verneinen, uns in etwas hineinzwingen, das wir nicht sind, verlieren wir Stabilität. Wir kommen ins Rutschen und wir stürzen. Wenn wir zu dem stehen, was wir sind, glänzen wir vielleicht weniger, aber wir stürzen nicht. Unser Bau ist stabil, sein Fundament stimmt.

AUSVERKAUF

Wir müssen alleine vor uns bestehen, jederzeit, das ist die einfache und klare Einsicht. Das ist unser Maß der Dinge.

Unser Verkauf ist die niedrigste Tätigkeit, die wir ausführen können. Wir verlernen uns selber dabei.

Ein schönes Portrait, eine professionelle Fotografie für die berufliche Vernetzung:

Was für eine bescheidene Geste!

Das bin ich, das habe ich aus mir gemacht, so biete ich mich an. Wie findet ihr mich?

Keinen größeren Irrweg können wir begehen denn die Anbiederung an den Markt.

Schein führt uns nie zu uns; nur die Wahrheit, auch wenn sie andere erschreckt und sie sich fragen, ob das nötig sei. Warum unbedingt die Wahrheit? – Sie ist dein Leben, deine Realität.

Der Schein beruhigt andere. Er hat für dich nur *eine* Legitimität: Wenn er dir hilft, dich über Unerträgliches hinwegzutäuschen.

SCHICKSAL UND SELBSTBESTIMMUNG

Klasse haben wir erst,
wenn uns das Anspruchslose nicht mehr bedrängt.

Uns in der Welt frei zu bewegen in einem sicheren Wissen um uns selbst, heißt nicht, dass wir Beliebiges tun können. Wir können es nicht. Und das ist nicht weiter schlimm. Je mehr wir um unseren Kern wissen, und dazu gehört unser Entstehen, unsere Herkunft, unsere Prägung in jungen Jahren, desto weniger irritieren uns Limitierungen in unserem Bewegungsradius. Wir limitieren uns selber, da wir es für richtig befinden.

Ob ein Schicksal oder Zufall unser Leben bestimmt oder ob es in unseren Händen liegt, etwas aus uns zu machen, ist eine falsche Fragestellung. Es ist beides. Wir wählen unseren Geburtsort und die Zeit, in die wir hineingeboren werden, nicht aus. Ebenfalls haben wir keinen Einfluss auf die Familie, in die wir hineingeboren werden, auch nicht darauf, ob wir gesund und begabt sind und in welchem sozialen Umfeld wir aufwachsen. Dies alles ist Schicksal oder Zufall.

Was wir nun aus dieser Vorlage machen, liegt bei uns. Unser Tun hat seinen Ursprung in einer zufälligen Begebenheit. Unser Leben aber besteht im Reagieren auf diese Begebenheit.

Unser Interesse liegt bei diesem Reagieren.

Entwickeln wir in uns eine Disposition zu Korrumpierbarkeit, da wir unsere Prägung in frühen Jahren möglichst weit hinter uns lassen und in andere soziale Verhältnisse, in eine andere gesellschaftliche Realität aufsteigen wollen? Verleugnen oder verachten wir unsere Herkunft oder leiten wir daraus Rechte und Privilegien ab?

Wenn wir korrupt sind, verleugnen wir unsere Herkunft. Wir brechen mit unserer Vergangenheit. Wir tun dann so, als hätten wir keine. Wir spielen eine Rolle, die wir uns einfach nehmen. Wir erlauben uns damit einen groben Übergriff uns selber gegenüber und gegenüber der Welt. Wir nehmen damit unsere Entfremdung in Kauf. Korruption ist nicht etwas, das sich auf unsere Prägung abschieben lässt. Sie ist etwas, das wir uns selber antun.

Eins ist sicher: Souverän sind wir erst, wenn wir unsere Vergangenheit in keiner Art und Weise kompensieren müssen, sei es in Form des Überspielens von einfachen oder ärmlichen Verhältnissen oder des affektierten, elitären Gehabes einer Tochter oder eines Sohnes aus wohlhabendem Hause.

Können wir unser Schicksal annehmen, das ist die Frage. Haben wir die Klasse und die Treue dazu in uns? Wagen wir, uns unserer Vorlage zu stellen, heißt: Leiten wir daraus ein situationsgerechtes und berechtigtes Verhalten ab, das uns entspricht und mit unserer Herkunft übereinstimmt.

Unser Schicksal, unsere Vorlage, unsere Herkunft lassen nicht irgendetwas zu. Wir sind keine leeren Wesen, die sich selber mit beliebigem Inhalt füllen, wir bringen Inhalt mit. Unsere Prägung ist in uns. Sie ist Teil unserer Persönlichkeit, unseres Kerns. Wir sind durch sie gebunden. Das, was wir aus uns machen, wird diese Bindung einhalten.

Auf ihr bauen wir unser Denken und unsere Werte auf. In ihr entwickeln wir unsere größten Kräfte, das, was wir der Welt geben können.

Wir können also nicht Beliebiges tun, wir können nur Folgerichtiges tun. Das will nicht sagen, dass wir wenig tun können. In diesem Folgerichtigen liegt eine breite Palette an Möglichkeiten. Aber es wird nichts darunter sein, das wir nicht bereits in uns tragen. Was uns steuert, was uns bei unserem Werden, dem „Uns-Machen" sicher führt, was uns ein anständiges, uns entsprechendes Leben suchen lässt: unser Gewissen, das auf unserer Erinnerung ruht. Wir werden aber dabei unsere schöpferische Kraft nicht verleugnen.

MÖGLICHES UND UNMÖGLICHES

Was für uns möglich ist und was nicht, wissen wir genau. So kommt es, dass wir ein ganz anderes Schicksal haben, als Außenstehende vielleicht denken mögen.

Der junge Stützeler hatte alles zum brillanten Rechtsanwalt. Er hätte sich eine hervorragende Reputation verschaffen und gutes Geld verdienen können. Stattdessen ging er schon kurz nach dem Studium nach Indien, um zu meditieren.

Dies tut er noch heute.

Sein Vater, ein intelligenter Mensch, sagte ihm einst: „Mein Sohn, tue etwas in deinem Leben, das sehr nahe bei deiner Person liegt. Gehe dem nach, was dir eine Möglichkeit eröffnet, dich einzubringen. Wenn du etwas tust, das dir nicht entspricht, dann wirst du dennoch dabei deinen Pflichten nachkommen. Da es dich nicht erfüllt, scheint es dir aber nichts. Auch wenn es für andere etwas ist, kann es dir kein Trost sein. Darum: Gebe *unbedingt* dem den Vorzug, was dich bewegt. Was andere bewegt, überlass ihnen."

Vater Stützeler fuhr seinen Sohn damals zum Flughafen, trug eine der Gepäcktaschen mit zum Schalter. Er hatte vollstes Vertrauen in den Jungen, nein, genauer in das Schicksal, denn er wusste: Es lag nicht in seinen Händen, des Sohnes Leben. Es lag in den Händen – einer höheren Macht; und dies war etwas Altes, das schon immer da war und das noch ganz anderes umfasste. Wir dürfen ihm vertrauen, dachte er. Denn wir können es nicht formen. „Sei zufrieden in dem, was du tust", sagte er zum Abschied.

Vater Stützeler winkte seinem Filius noch eine Weile nach.

Viele Jahre später kam der junge Stützeler zurück. Er fand es an der Zeit, es seinem Vater gleichzutun und sein persönliches Wissen weiterzugeben.

Seine Yoga- und Meditationskurse sind gut besucht.

BONJOUR TRISTESSE

Wie gut, dass niemand weiß, wie schön wir es hier haben.

Wir wollen die Sonne sehen. Wir wollen nicht die Stumpfheit einer sonnenverachtenden Arbeitsethik verinnerlichen und ein sonnenloses Dasein fristen. Wir wollen daran arbeiten, frei zu sein.

Der Kampf darum, die Sonne zu sehen, ist ein Kampf gegen die Gesellschaft und damit ein Kampf mit uns selbst. In ihm dennoch zum anderen hinzugelangen und nicht nur uns alleine zu sehen, das ist die Herausforderung. Wahrheit, Treue und Freisein haben einen gemeinsamen Nenner: Jenseits der Norm einen unerschütterlichen, verlässlichen Kern zu fixieren.

Kaum einer will, dass der andere glücklich sei, und selber weiß er auch nicht, wo für ihn das Glück liegt. Die Sonne zu sehen vermag er nicht und nur allzu oft verbleiben seine Ansprüche im Glanzlosen. Es ist eine weitgehend traurige Angelegenheit mit uns Menschen.

Den Maximen „Bete-und-arbeite" und „Das Glück ist für später" mögen einige höhnisch entgegensetzen, dass sie sehr wohl arbeiteten und erfolgreich Geld verdienten. Aber auch sie werden zugeben müssen, dass sie damit das Glück nicht erlangt haben. Das Glück ist nicht jetzt und nicht für später, wenn wir es nicht *in einem kreativen Akt uns holen.* Alles, vor und nach diesem Akt, ist Zeitvertreib, beruhend auf Gelegenheiten, glücklos, da nicht verankert im eigenen Leben.

HÖDERERS BÜCHLEIN

Die Kraft,
die wir brauchen, um etwas zu tun.
Wir haben Kraft.

Auf einer Seite in Werner Höderers Büchlein findet sich folgender Eintrag:

Drei Dinge sind klar, unumstößlich und nicht verhandelbar in unserer Gesellschaft:
1. *Wir definieren uns über Arbeit.*
2. *Wenn es um Geld geht, fallen Humor und Großzügigkeit von uns ab.*
3. *Armut verdient keine Gnade.*

Formulieren wir drei Gegenthesen:
1. *Definiere deine Arbeit.*
2. *Aus dem, was dir teuer ist, mache kein Geschäft.*
3. *Es gibt nur den mentalen Ausweg aus der Gefangenschaft.*

Niemandem Rechenschaft schuldig zu sein, sagt sich leicht. In Wahrheit tun wir uns damit schwer; was den obigen Satz nicht entkräften soll: Du bist niemandem Rechenschaft schuldig!

Wer Gesichter gesehen hat, aufgelöst, leer und orientierungslos, zu Menschen gehörend, die sich opfern, ihre

Gesundheit opfern, der Rechenschaft wegen, weiß, wovon hier die Rede ist:

Einem der traurigsten Kapitel zur menschlichen Psychologie.

Ein führendes Licht ist deine Arbeit, dein persönliches Projekt. Was sonst sollte ein führendes Licht sein? Und genau genommen ist es nicht ein Licht, sondern sind es Zuversicht und Freude, die du durch deine Arbeit gewinnst. Du verschaffst dir Spannung in eigener Sache.

TEIL 2

SONNE

OFFENE FRAGEN

Wir begegnen uns erst auf Augenhöhe, wenn wir uns nicht mehr aufeinander konzentrieren, sondern auf unsere Aufgabe.

Bei aller Unsicherheit – ob unsere Entfremdung eine gesellschaftliche Erscheinung oder eine persönliche Malaise sei, ob ebendiese Entfremdung es ausmache, dass wir uns einem pfeifenden Vogel in der Natur oder der Sonne nicht wirklich nahe fühlen, und ob die Frage, unter welchen Bedingungen wir diesem Vogel oder der Sonne nahe sein könnten, eine offene Frage bleiben muss – ist eines jedoch sicher:

Auf der Suche nach Antworten geht es dem Menschen besser, als wenn er nichts sucht.

NATUR UND GEIST

Ruf aus der Ferne

Dass die Kirche, das gedankliche Konstrukt, auf dem sie baut, kränkelnd und kraftlos ist, ihre Hoffnungen und Versprechungen vergebens, weil haltlos und bar echter Erfahrung sind, nimmt man am deutlichsten wahr, wenn man einige Zeit in der Sonne des Südens gelebt hat.

Die unmittelbarste Wahrheit, die maximale Gegenwärtigkeit sind diese Sonne und der eigene Körper, ihrer Kraft ausgesetzt. Eine lichtdurchflutete Landschaft lässt den Menschen ganz im Augenblick leben. Das Äußere stimmt mit seinem Inneren überein. Es ist ein weitestgehend harmonischer und spannungsloser Zustand.

Der Glaube an die erlösende Rettung durch eine höhere Macht, durch etwas Geistiges, ist inspiriert durch Lichtarmut und blüht in nebligen Regionen mit milder Sonneneinstrahlung und langen Wintern. Der Mensch entdeckt seine Unruhe und Sehnsucht unter Wolken und Schneegestöber.

Die Sonne des Südens ist stärker als eine Religion. In ihrem harten Licht ist das Leben unbelastet und unbesorgt, ohne Vergangenheit und ohne Zukunftsprojektionen. Wenn sie fehlt, beginnt die menschliche Fantasie ihr Werk zu tun.

Man kann jedoch sagen – und darauf will ich hinaus: dass wir *Spiritualität* suchen, auch im Sonnenkult, steht außer Zweifel. Die Sonne ist eine spirituelle Kraft. Es ist vielleicht eine Frage des Kräfteverhältnisses, das uns zum einen oder zum anderen hinzieht. Die Kraft des Lichtes ist stärker als eine religiöse Suche. Selbstverständlich ist diese Empfindung persönlich. Aber um eine Suche geht es, um eine individuelle Suche. Wir reden hier nicht von religiöser Gemeinschaft, von Anschluss an ein kollektives Gedankengut. Das hat mit Spiritualität nicht viel zu tun.

Jeder sucht etwas. Wir können allerdings nicht genau benennen, was es ist. Vielleicht Kraft oder Zuversicht oder eine Richtungsangabe, eine Zukunftsvision? Das Licht hat Kraft. Dennoch ist diese Kraft noch keine Antwort auf unsere Suche. Noch weniger können uns religiöse Antworten befriedigen. Wir können sie nicht ernsthaft glauben. Sie lassen uns allein.

Vielleicht ist das eine Formel, die man so gelten lassen muss: Wir suchen etwas, eine Antwort, eine Form von mentaler Heimat, die unser Leben von der Sinnlosigkeit entlastet. Wir suchen diese Antwort in der Sonne, in der Bibel oder bei den Philosophen. Aber es muss bei der Suche bleiben. Und irgendwann wissen wir das auch. Die Suche an sich begleitet uns durch das Leben. Es kommt nie eine Antwort, weder von außen noch in uns drin. Es kann uns weder Mensch noch Natur sagen, warum wir hier sind und was wir bezwecken.

DAS WETTER

Vollste Kraft haben wir im Sonnenlicht!

Der Vorteil des Draußenseins ist: Man weiß dann, wie die Luft riecht, wie warm die Temperatur ist, ob es windig ist, ob die Bäume blühen, ob Wolken am Himmel sind.

Man ist so näher am Leben dran, hat man den Eindruck.

Und wenn dann eine richtige Windböe den großen Sonnenschirm auf der Terrasse umhaut, dann kommt eine eigenartig angenehme Hochstimmung auf.

Das Wetter spielt eine Rolle dabei, wie man sich fühlt.

Dass wir überhaupt etwas fühlen, hängt vom Wetter ab.

Es lohnt sich, draußen zu sein.

* * *

Wer Sonne genießen will, gehe oder fahre der Sihl entlang, stadtauswärts. Nach einigen Minuten im Schatten der unsäglichen Sihlhochstraße, Zürichs größter städtebaulicher Katastrophe, erreicht man die Allmend. Man tritt ein in gleißendes Licht. Bäume und Wiesen blühen, Vögel singen. Das Rauschen der nahen Autobahn stört nicht.

Man vermag kaum die Augen zu öffnen, so blendet es. Überall ist Sonne. Der helle Stern steht über dem Üetliberg und scheint ungehemmt in seiner vollsten Stärke auf die Stadt und ihre Umgebung herunter.

Es gibt nichts, gar nichts, das der Kraft der Sonne etwas entgegenhalten kann. Sie hellt auch innerlich auf – und sie lässt folgenden Gedanken einleuchtend erscheinen, und ertragbar:

Dass der Einzelne kein Gewicht hat, in seiner Person, in seinem Tun, hält mancher nicht aus. Die eigene Gewichtslosigkeit auszuhalten und das Leben dennoch gutzuheißen, ist daher auch größter Reibungspunkt und nicht eine Formel für Gelassenheit. Gelassenheit, in dieser Frage, aber ist der einzige Ausweg, die Abreibung daran führt zu keinem Resultat und ändert nichts an der Realität.

Der Sonne sei Dank, befähigt sie uns zu diesem Realitätscheck.

STEINE UND FELSEN

Die Bäume blühen, die Luft ist warm. Es ist ein Sommertag im April. Schreiben wir über die Natur. Was lohnte das Papier mehr?

In der Allmend gibt es ein Biotop, eine kleine Moorlandschaft mit Tümpeln, Schilf und Büschen, Steinen und Felsbrocken. Sitzend auf einem der Felsbrocken, notiere ich diese Zeilen:

Steine, Felslandschaften, das Meer. Wandern in der Sonne über diese Felsen. Sonnenlicht und Wärme. Felsen und Wasser. Die Natur hat Kraft. Die Natur gibt Kraft.
Sein Leben ernst zu nehmen, heißt nicht, sich gewichtig zu geben, sondern verbunden zu sein mit den dauerhaften Elementen.

DAS GESTÄNDNIS

Die Welt ist nicht inspiriert; dies ist kein Unglück.
Wir, aber, seien wir inspiriert!

Die Kamera bewegt sich über den See. Zeitweise sind die Steine unter der blaugrünen Wasseroberfläche am Ufer sichtbar im Sonnenlicht. Da, der Springbrunnen! Die Kamera fliegt dicht über ihn hinweg. Einzelne Schwimmer im Wasser winken nach oben. Ein Pedalofahrer nimmt seinen Fotoapparat hervor und macht ein Bild. Das untere Seebecken und die Stadt kommen näher. Man sieht die vier Schweizerfahnen auf dem Dach des Hotels *Ambassador* wehen, dann die Quaibrücke und das Bauschänzli. Ein einzelner Mann sitzt an einem der grünen Tische in der prallen Sonne. Die Kamera ist nun senkrecht über ihm und kommt langsam näher. Man sieht das Stück Fleischkäse auf seinem Teller, als Garnitur einzelne Pommes frites. Ein roter Fleck Ketchup und ein gelber Fleck Senf zieren den Tellerrand. Ein Glas Bier steht daneben. Die Kamera ist nun so nahe, dass man die Schweißtropfen auf des Mannes Stirne ausmachen kann. Dann hört man ihn sagen: „Postkartenwetter heute, wunderschön." Er schneidet sich ein Stück Fleischkäse ab, schiebt es in den Mund, kaut und spült mit Bier nach.

Die Kamera ist nun in der Position des Mannes. Sie filmt, was er sieht. Hinter der Quaibrücke sind die Glarner Alpen gut sichtbar. Ihr Weiß ragt in einen makellos blauen Himmel. Auf der linken Seite erkennt man die Bäume des

Bellevues, dahinter das Gebäude mit den vier Schweizerfahnen. Dann hört man die Stimme des Mannes: „Jemand muss es doch sagen, wie schön dies alles ist. Jemand muss es doch einfach sagen." Die Kamera schwenkt auf den Teller hinunter. Man sieht seine Hände, wie sie mit Gabel und Messer ein Stück Fleischkäse abschneiden und in den Senf tunken. Man hört Kaugeräusche, dann greift die rechte Hand zum Bierglas und hebt es an. Dann: „Ah, das tut gut. Bei dieser Hitze." Die Kamera schwenkt wieder auf die Alpen hinter dem See. Die Stimme des Mannes ertönt nun eindringlich: „Aber ich *habe* es gesagt. Ich habe doch *all das* deutlich gesagt!" Er seufzt. Von der linken Seite her wird Schlagermusik hörbar: der *Kriminaltango* von Hazy Osterwald.

Frontalaufnahme des Mannes. Der Teller und das Bierglas sind verschwunden. Vor ihm auf der Tischplatte liegt ein Buch. Mit verschränkten Armen sitzt er da, schaut auf den Tisch hinunter. Der *Kriminaltango* spielt immer noch. Schließlich sagt er in die Kamera: „Nicht wahr, ich habe es gesagt, ich kann es Ihnen gerne vorlesen, wenn Sie wollen. Ich habe alles gesagt. Es steht hier in diesem Buch. Jedermann kann es nehmen und lesen." Er nimmt das Buch in die Hände, blättert ein wenig darin, legt es wieder hin und schaut in die Kamera. Dann senkt sich sein Blick auf die Tischplatte. Er seufzt erneut, greift wieder zum Buch. „All das redet davon. Alles. Sie können aufschlagen, wo Sie wollen." Er blättert darin. „Hier, zum Beispiel, soll ich es Ihnen vorlesen?" Er schaut in die Kamera. „Ich lese es Ihnen vor, es ist ein Beispiel, eines von vielen." Der Mann beginnt zu lesen:

„Dass wir den Willen haben, an das Ewige in un-
serer Realität anzurühren, ist, wenn es in unserem
Werk zum Ausdruck kommt, nicht seine schlechteste
Legitimation."

Der Mann schließt das Buch, legt es vor sich hin und schaut
auf, erwartungsvoll. „Versteht man mich?" Er schaut fra-
gend um sich, greift erneut zum Buch, schlägt es auf, blättert darin, eine Stelle suchend, dann sagt er: „Ein anderes
Beispiel. Zur Verdeutlichung. Aha, hier ist es. Hier habe
ich es." Er liest erneut:

„Ich setzte mich gegen 13 Uhr mit einem Teller
Fleischkäse mit Kartoffelsalat und einem Glas Bier
an einen der grünen, noch ein wenig nach Farbe
riechenden Tische auf dem Bauschänzli. Hinter der
Quaibrücke präsentierte sich ein schneeweißes Al-
penpanorama. Darüber leuchtete der hellblaue Him-
mel, auf beiden Seiten des Sees sah man die dunkel-
grünen Hügelketten des Albis und des Pfannenstiels.
Es wehten die Zürcher- und die Schweizerfahnen im
milden Föhn über den Kandelabern der Brücke und
den Kastanienplatanen des Stadthausquais. Die
Sonne stand weit oben, fast senkrecht über der Stadt.
Jemand muss es doch sagen, dachte ich, während mir
der Schweiß auf der Stirne stand. Jemand muss es
doch sagen, wie schön es hier ist. Es kann doch nicht
sein, dass dies alles wortlos und undokumentiert an
uns vorbeizieht. Jemand muss es doch sagen wollen,
muss die Aufgabe, die Pflicht übernehmen wollen,

dies alles festzuhalten, zu bewahren vor dem Versinken in die Vergangenheit. Mit suchendem Blick überschaute ich die Sonnenlandschaft. Ich wurde ganz unruhig beim Gedanken, dass ich derjenige sei, der es tun müsse. Ja, es war mir klar, dass ich es war."

Wiederum schiebt der Mann das geschlossene Buch vor sich auf den Tisch und schaut stumm in die Kamera. Dann: „Also deutlicher kann ich es nicht sagen. Was soll ich dem noch beifügen?"

Schnitt. Derselbe Mann in einem dunklen Raum an einem Tisch. Frontalaufnahme. Die Fotografie schwarz-weiß, mit hartem Kontrast. Ein grelles Licht beleuchtet sein Antlitz von unten. Sein Gesicht ist wächsern. Mit rauer Stimme spricht er, scharf in die Kamera blickend: „Nicht wahr, ich habe alles darangegeben. Alles. Darum geht es doch im Leben, nicht? Wir dürfen nicht einfach unsere Zeit absitzen! Ausführen, was einem von außen auferlegt wird, kann wohl jeder. Aber etwas sagen, das ist ein Auftrag, der von uns selber kommen muss. Von außen kommt ein solcher Auftrag nie. Er kommt aus einem *inneren* Druck, nicht wahr. Dafür lebt man. Und dies habe ich getan! Nichts anderes."

Die Kamera zeigt nun nur noch das Gesicht des Mannes. Dunkel liegen seine Augen in ihren Höhlen. Sie haben nun einen gehetzten, zerquälten Ausdruck. Er fährt zögernd fort: „Aber – es kann mich nicht entlasten. Es kann mich *einfach nicht entlasten!* Schuldig fühlt man sich, *schuldig.* Man macht sich schuldig allem gegenüber. Man kann diese

Schuld annehmen oder ihr trotzen. Aber schuldig ist man so oder so!" Der Mann atmet schwer. Sein Blick senkt sich.

Wieder Frontalaufnahme. Eine Stimme zitiert ein Gedicht Nietzsches. Der Mann sitzt stumm da, schaut auf den Tisch, bei der letzten Zeile nickt er anerkennend.

„Nun, da der Tag
des Tages müde ward, und aller Sehnsucht Bäche
von Neuem Trost plätschern,
auch alle Himmel, aufgehängt in Gold-Spinnnetzen,
zu jedem Müden sprechen: ‚Ruhe nun!' –
was ruhst du nicht, du dunkles Herz,
was stachelt dich zu fußwunder Flucht …"

Wes harrest du?

Schnitt. Der Mann sitzt wieder am grünen Tisch auf dem Bauschänzli. Vor sich eine Tasse Kaffee, in der er mit einem Löffel rührt. Ab und an nickt er mit dem Kopf. Er murmelt: „Es tut weh, es tut einfach weh." Sein Blick hebt sich von der Kaffeetasse, schweift über die Kamera, als versuche er etwas zu erkennen in der Ferne. Er zieht seine Schultern hoch, schüttelt den Kopf. Dann sagt er: „Liebe bedeutet Schmerz. Wir lieben, aber wir laden uns damit Schuld auf. Je mehr wir lieben, desto schuldbeladener sind wir." Wieder senkt er den Blick auf seine Kaffeetasse. Der Anflug eines Lächelns huscht plötzlich über sein Gesicht.

Die Kamera ist erneut senkrecht über ihm und entfernt sich langsam nach oben. Er spricht nach vorn, als wäre die Kamera noch vor ihm, ist aber in sich versunken: „Es ist einfach schön hier. Das wollte ich sagen. Es ist schön hier." Allmählich erweitert sich das Blickfeld. Der Mann wird immer kleiner und verliert sich langsam im Bild. Das Bauschänzli ist als Ganzes erkennbar, schließlich die Limmatmündung mit beiden Uferseiten und die Quaibrücke. Die Kamera entfernt sich von der Stadt, überfliegt das Hotel *Ambassador* mit den vier wehenden Schweizerfahnen. Man sieht das blaugrüne Wasser des Zürichsees, der immer kleiner wird.

SOMMERLIED

Schatten gehen vorüber
Die Sonne hat Kraft
Ich habe Heimweh
Und doch bin ich zuhause

Ich lieb dich immer noch
Ich kann dir näher nicht sein
Und die Zeit vergeht
Und so vergeht der Winter

Einst dachte ich, es wäre nicht für immer
Und ich dachte, es wäre nicht für lang

Ich habe Heimweh
Und doch bin ich zuhause
Die Sonne hat Kraft
Und der Sommer zieht ins Land

HANDLUNG IM AFFEKT

Verpflichtungen

Da ich die Sicherheitstüre aufbrach, mit einem Brecheisen, nachdem ich durch das kleine Bullauge in der Mitte der Türe flimmerndes Licht gesehen hatte und den hellblauen Himmel und das grüne, saftige Blätterwerk der Bäume an der Straße, das sich in einem leichten Wind hin und her bewegte, ich mit dem Durchtreten der Luke auf das Vordach unserer Druckerei meinen Arbeitsplatz unangekündigt und vorzeitig verließ, schließlich auch noch die Feuerwehr auftauchte mit einem Einsatz von mehreren Löschwagen, da der Verantwortliche des Sicherheitsdienstes den Alarm der aufgebrochenen Türe zu wenig schnell zurücksetzen konnte, weil er offenbar lange nicht begriff, was eigentlich passiert war, und dadurch massive Zusatzkosten entstanden, nebst denjenigen für die Sachbeschädigung, und ich für meine Tat im Gespräch mit meinem Vorgesetzten, der nur ungläubig den Kopf schüttelte und stammelte: „Hanspi, warum? Warum nur, und das vor deiner Pensionierung", kein plausibles Argument zu meiner Entlastung vorzubringen wusste, bekam ich eine fristlose Kündigung. – Aber ich wollte an der Sonne sein.

DER SONNENANBETER

Süden. Sonne. Existentialismus.

Er erhob sich um 7.30 Uhr. Gegen 9 Uhr sah man ihn in der Morgensonne an einem Tisch in der *Beckeria* an der Lagerstraße sitzen. Gerade hatte er sich ein kleines Frühstück bestellt. Zwischenzeitlich, bis die freundliche Kellnerin den Teller mit Käse, Früchten und Brot brachte, las er in einer Tageszeitung.

Um 10.30 Uhr befand sich derselbe Mann, mit einem Hut auf dem Kopf, am Seeufer. Er trug eine blaue Badehose und war daran, seine Beine mit Sonnenschutzcrème einzustreichen. Da! Schon machte er einen Sprung ins Wasser und schwamm zum Jet d'eau hinaus.

Kurz nach 13 Uhr war eine Figur an einem Tisch auf dem Bauschänzli auszumachen, die einen Hut trug. Es war ohne Zweifel der Schwimmer von vorhin. Mitten unter Leuten, die gerade ihr Mittagessen beendet hatten und nun bei einem Kaffee den Rest ihrer Pause verbrachten, verspeiste er genussvoll ein halbes Hähnchen. Die Sonne stand fast senkrecht am Himmel.

Kaum zu glauben, aber war dort um 15 Uhr nicht, an einem Tischchen ganz außen auf der Terrasse des Hotels *Greulich*, wieder derselbe Mann auszumachen bei einer Tasse Kaffee? – Er war es. In einem kleinen Büchlein notierte er etwas.

Um 18 Uhr herrschte im Café *Sphères* beim Escher-Wyss-Platz Stille. Einige wenige nippten im sonnengeschützten

Korridor an einem Becher Eiskaffee und starrten dabei gebannt auf den Bildschirm ihres Laptops. Nur *einer* aß einen grünen Salat auf der Straßenseite in der Abendsonne: der Mann mit dem Hut. Er trug ihn nun nicht mehr, hatte ihn in seinem kleinen, blauen Rucksack verstaut.

Um 21 Uhr war ein Kopf über dem Geländer eines der zahlreichen Balkone einer Liegenschaft im Kreis 4 sichtbar. Unser Mann schaute in den schattigen Innenhof hinunter und trank dabei ein Glas Süßmost.

Ab 22.30 Uhr lag der Sonnenanbeter im Bett und schlief. Draußen war es Nacht geworden.

In seinen Träumen sah er über sich die Sonne. Ihr helles Licht reichte tief in das Wasser hinunter, vor ihm, bis an den felsigen Grund. Türkisblau, transparent plätscherte es ruhig an die ockerfarbenen Felsen. Auf einem von ihnen saß er und konnte sich nicht sattsehen an diesem intensiven Farbenspiel. Verzaubert flüsterte er leise immerzu: „Fantastisch, fantastisch ...“

METAPHYSIK DES LICHTS

Wir sind keine Mystiker. Uns fehlt der Glaube an eine absolute Macht. Wir sind Metaphysiker. Wir erfahren die Kraft der Natur.

Und wieder habe ich Sehnsucht nach dem Licht im Süden, Sehnsucht nach dieser Nähe der Natur. Es ist eine einfache, natürliche Nähe, auch zu uns selber, zur Natur unseres Körpers.

Wir können alles nur über unsere Sinne erfahren, können Äußeres nur über Nase, Auge, Ohr und Haut in uns hereinholen. Und doch steht hinter dem Licht des Südens mehr als bloß eine sinnliche Erfahrung. Es ist eine Art – wie kann ich sagen – metaphysisches Hereinbrechen von Kraft in unser Hirn und unseren Körper. Eine Form von Begeisterung und Belebung geht von diesem Licht aus. Es ist eine Naturkraft, überwältigend, direkt und verbindlich, die uns völlig entspricht. Unsere innere Aufhellung ist sicher. Ein inneres Strahlen setzt ein. Unser Geist, durchflutet mit diesem Strahlen, bedarf keiner weiteren Stimulanz mehr. Es ist die kompletteste Nahrung, die wir uns zuführen können.

Wir sind in diesem Licht dort, wo wir hingehören. In ihm gesunden wir vollständig. Wir können nirgends sonst der Welt und uns selber näher sein.

Das Licht des Südens ermöglicht uns die Beantwortung der Frage nach dem Sinn unseres Daseins.

Sein Sinn ist, in diesem Licht zu leben …

SOMMER IN DER STADT

Wenn wir nichts mehr zu schreiben wissen, heißt das nicht, dass wir demotiviert oder uninspiriert sind; wir sind in der Natur angekommen.

Wenn in Zürich diese Lichtverhältnisse einkehren (dies kann der Fall sein im Juli, wenn der Himmel wolkenlos hellblau über dem unteren Seebecken strahlt und eine leichte Bise die Luft austrocknet; die Sonne spiegelt sich auf der Wasseroberfläche und bringt sie zum Glitzern und Leuchten; das Wasser ist kristallklar und der steinige Seegrund ohne Moos und Pflanzen), sich sonnenverbrannte, braungebrannte, leichtbekleidete Körper auf Fahrrädern durch die Stadt bewegen, benommen durch die blendende Helligkeit in den Straßen, dass die Metaphysik des Lichts auch bei uns ihre aufweichende Wirkung tut. Etwas von der zwinglianischen Strenge und Nüchternheit fällt von den Stadtbewohnern ab, verliert sich unter der Macht der Julisonne. Die unmittelbare Naturnähe und die Nähe zum eigenen Körper stellt sich ein, verführt den Geist der Zürcherinnen und Zürcher und bildet eine Art Einheit.

Und ganz natürlich, als hätten sie nie etwas anderes getan, radeln sie auf ihren Fahrrädern am Sonntagmorgen oder nach der Arbeit an die Ufer des Sees, um zu baden, um sich ganz der Sonne hinzugeben und sich durchfluten zu lassen mit ihrem betörenden Licht.

SONNENLIED

―――――――

Auf dass das, was wir in der Kälte und der Dunkelheit geschrieben haben, im Sonnenlicht Bestand habe.

Wohin gehst du?
Immer weiter gehe ich. Durch Regen und Wind im Norden, unter der brennenden Sonne im Süden.
Immer weiter gehe ich.
Wohin führt dein Wandern? Wohin gehst du?
Immer näher zu mir hin.

Drei Antworten will ich zu Höderers Büchlein geben:

1. Sei Philosoph, sei Existentialist! Sei allein und verbunden mit der Welt.
2. Du kannst der Welt nur etwas geben, wenn du frei und nicht leidend an ihr bist.
3. Vollste Kraft hast du im Sonnenlicht.

MACHT UND FREIHEIT

Machtverhältnisse sind die
Grundlage menschlichen Zusammenlebens.

Wir nennen uns Metaphysiker und Existentialisten. Gleichzeitig sagen wir, dass Machtverhältnisse im Zentrum unserer Überlegungen stehen. Unser Denken bewegt sich zwischen diesen drei Begriffen: Existentialismus, Metaphysik und Macht. Alle haben mit Machtverhältnissen zu tun.

Existentialismus: Mache und forme dich. Baue *deine persönliche Macht* aus. Deine Welt ist das, was du aus dir machst.

Metaphysik: Das Sonnenlicht tut deinem Körper gut und hellt dich innerlich auf. *Die Macht des Sonnenlichts* beeinflusst dein Denken.

Je mehr wir eine Macht als wahr, als richtig empfinden, desto größer ist die Wahrscheinlichkeit ihres Einflusses auf uns. Eine Macht wirkt nicht auf alle gleich, da nicht alle diese Macht als gleich wahr empfinden.

Macht umgibt uns und ist zugleich in uns drin. Die für uns richtige Balance zu finden zwischen diesen Mächten und damit das Machtverhältnis zu *unserem Wohl* zu definieren, ist unsere Aufgabe. Wenn wir uns Existentialisten und Metaphysiker nennen, dann brauchen wir für uns Definitionen, die unser Verhalten, um dieses Wohl zu erlangen, beschreiben.

Unser Wohl ist ein anderer Begriff für Freiheit. Unsere

Freiheit hängt davon ab, ob wir unsere Macht mobilisieren können. Wie wir dies tun?

– Indem wir über diese Dinge nachdenken: Das hinter der Realität an Wahrem Durchschimmernde zu erfassen, zu deuten, zu sehen und in diesem Sehen Glück zu erfahren, das ist, in einem Satz zusammengefasst, unsere Tätigkeit und Motivation als Metaphysiker, als Philosophen. Unser Wille zur Freiheit lässt in uns Bilder aufsteigen, die wir sehen, wenn unsere Realität dunkel und monoton ist. Wir sehen dann innerlich Sonnenlicht, Wasser und Felsen. Unsere persönliche Macht besteht in unserem Wissen um die *Mittel*, uns diese Bilder zu holen. Mittel also, um unser Leben zu bestehen. Wir treiben damit unsere Immunisierung gegen Machteinflüsse von außen voran und wir bauen Ressentiments ab.

Wir reden von Freiheit. Für uns wissen wir, was wir darunter verstehen, aber die Freiheit der anderen kennen wir nicht. Ihre Freiheit ist aus unserem Blickwinkel nicht fass- und formbar. Wir können dazu nichts beitragen. Wir können andere respektieren in ihrem Entscheiden und unseren Einfluss auf sie minimieren. Aber damit sind wir wieder bei uns.

Wir können nur über unsere Freiheit reden:

Wir sind so gestrickt, dass das, was andere uns abverlangen, unseren Widerstand, unsere Widerspenstigkeit provoziert und das, was wir uns selber abverlangen, brauchbar ist.

Freiheit bedeutet, uns mit dem befassen zu können, das uns interessiert.

Unfreiheit bedeutet, uns mit dem befassen zu müssen, das uns nicht interessiert.

Freiheit bedeutet, dass wir Machtverhältnisse zwischen uns und anderen von uns aus definieren.

Unfreiheit bedeutet, dass andere uns an Machtverhältnisse, in die wir involviert sind, erinnern.

Freiheit bedeutet, dass wir die Welt und die anderen moralfrei sehen.

Unfreiheit bedeutet, unsere persönliche Macht gegen angelernte und verinnerlichte Moral nicht durchsetzen zu können.

Freiheit bedeutet, nicht anzukommen in den Normen der Gesellschaft, Anarchist zu bleiben, jeden Morgen die Wahrheit wieder neu zu erforschen, die Sonne wieder neu zu sehen.

Unfreiheit wäre demnach, dieses metaphysische oder philosophische Denken in eigener Sache nicht anzuwenden.

ZELEBRIEREN

Vom Gefühl für das Herz der Dinge

Ich sitze auf der Gartenterrasse am Schanzengraben. Die Septembersonne brennt mir ins Gesicht. Man hört das Rauschen des Wassers zwischen dem Gemäuer und nur schwach den Verkehr von der Sihlporte her.

Dort, einen Tisch weiter vorne: Eine Frau trinkt Kaffee und liest Zeitung. Sie trägt ein weißes Jackett und einen Hut.

Eindrücklich, wie die Frau ihr Kaffeetrinken und Zeitungslesen zelebriert! Sie stilisiert ihre Tätigkeit, macht sie zum Event. Sie gibt, in ihrer Erscheinung, Glanz in ihr Leben. Aber nicht nur. Sie gibt auch dem Ort Glanz.

Es scheint, als bekenne sich die Frau entschlossen zu diesem Glänzen ...

Nicht wahr – soziale Einreihung hat mit Verhalten zu tun. Es sind daher die einen sozial nie aufgestiegen, andere nie abgestiegen; auch wenn ihre finanzielle Lage etwas anderes zu bezeugen scheint. Der Unterschied zwischen einfach und ordinär liegt im Stil, nicht im Geld.

Es ist überhaupt alles eine Frage des Stils; ob man am Leben scheitert oder ob man souverän ist.

Das Rauschen des Wassers erzeugt eine angenehme Atmosphäre. Einige Besucher stehen vor dem Eingang zur *Rimini Bar*, die schon eine Weile im Schatten liegt. Soeben ist die Sonne hinter dem Gebäude der Börse verschwunden und ich beende meine Notizen ebenfalls im Schatten. Das

Laub der Bäume vorne an der Straße ist bereits verfärbt. Ein schöner Tag neigt sich dem Ende zu. Ein sonniges Jahr geht in den Herbst. Ich bezahle und mache mich auf den Heimweg.

REISEN

Etwas sehen,
auch in uns selber.

Darum, in eine andere Welt hineinzuschauen, geht es, wenn einer sich dafür entscheidet, eine Reise zu machen. Es bekundet sich darin sein Wille, sich neu zu formatieren.

Ich gebe ein Beispiel – wir wollen es so genau als möglich nehmen –, um dieses Andere herauszuschälen.

Eine Bäckerei und Konditorei am rechten Saôneufer, gegenüber der Insel Barbe, Caluire, Lyon.

Es ist Abend. Gebäck wird angeboten, Kuchen, Apfelwähen, alles sehr lecker und fein. Es riecht nach frischem Brot und gebranntem Zucker. Die Sonne scheint ins Geschäft hinein. Die Türe steht offen. Wespen krabbeln und fliegen über die Backwaren, welche ungekühlt hinter einer Glasvitrine zum Verkauf aufliegen. Man sitzt draußen an kleinen Eisentischchen und isst diese Backwaren. Man spricht Französisch. Es ist Mitte Oktober. Ahornblättrige Platanen, sehr alt, hoch, säumen den Kiesplatz. Ihr Laub ist gelb verfärbt. Man wähnt sich in einer Szenerie Maupassants. Frankreich im 19. Jahrhundert.

Wie weit vermag Licht Farbe in die Farblosigkeit des Reisenden hineinzutragen? Das, wiederum, hängt von seinem mentalen Zustand ab. Die Sache ist demnach: Wie weit ist er bereit, Farbe in sich hereintragen zu lassen?

Ist es nicht ein seltsamer Verzicht, wenn wir alt werden

und dabei nicht viel gesehen haben von der Welt, zu finden, sie sei nicht Gegenstand genug, es lohne sich nicht?

Wir behalten uns damit alles vor, was es für uns überhaupt zu entdecken gibt. Darüber hinaus, über die Erde hinaus, gibt es für uns nichts zu entdecken. Es gibt nur Gedankenkonstrukte, für uns von anderen gemacht. Aber auf die wollen wir uns auch nicht einlassen.

Bleiben nur noch wir selber. Wenn uns das genügt …

Es genügt uns vollauf, sagen nun jene, die inspiriert sind. Aber Inspiration kommt nicht aus dem Nichts. Für sie müssen wir hinausschauen, die Welt sehen wollen.

ABENDLIED ODER VON DER VERGÄNGLICHKEIT I

Seien wir nicht ängstlich. Es kann uns nichts passieren.

Es ist so ruhig hier.
Nur die Luft bläst ab und an.
Es ist ruhig in meinem Leben.
Die Sonne geht ihren Weg.
Auch ich gehe den meinen.
Erhaschen möchte ich nochmals einen Sonnenstrahl,
das herrliche Licht auf dieser Erde.
Ewig wird es mir nicht bleiben.
Einst, ja, einst, ich weiß es,
erreicht mich lange Dunkelheit.

AM ABEND

Es scheint ein mildes Abendlicht herein, über alles,
und wir sind versucht zu denken: Herr, bleib bei uns,
denn es will Nacht werden ...

„Herr, bleibe bei uns, denn es will Abend werden."

„Am Abend sind Wege Heimwege", ähnlich bei Robert
Walser gelesen.

Ich habe den ersten Satz so verstanden:

Herr, bleibe bei uns und beschütze uns vor der Nacht, vor
der Dunkelheit, dem Unwissen und dem Zweifeln. Dabei
will er doch sagen: Herr, bleibe bei uns, denn bei uns bist
du sicher und gut aufgehoben.

Bei Robert Walser ist es offensichtlicher:

Am Lebensabend sind Wege Heimwege ins Leben nach
dem Erdentod. Richtig heißt der Satz:

Man sah den Wegen am Abendlicht an, daß es Heimwege
waren.

Am Abend – gab es Geflügelterrine mit ein wenig Brot und
einem Glas Weißwein unter einem Kastanienbaum in der
Mitte eines Gartens. Er war umgeben von Weinreben, die
in der Sonne goldgelb leuchteten. Der Wein stammte von
diesen sehr alten Weinreben.

Die Zeit floss dahin und es wurde November.

LICHTVERHÄLTNISSE I

Was Kraft hat?
Das Meer hat Kraft. Die Sonne hat Kraft. Die Natur,
die Pflanzen- und die Tierwelt haben Kraft. Alles,
was natürlich, direkt und unverstellt daherkommt,
hat Kraft – und so soll auch ein Werk sein.

Um etwas über die Natur, die Lichtverhältnisse auf der
Insel Porquerolles zu erfahren, muss man, erstens, hin-
gehen. Wenn man sich über Literatur der Insel annähern
will, muss man nicht unbedingt Georges Simenon lesen.
Einige seiner Bücher handeln zwar auf Porquerolles, er
sagt über die dortige Naturbeschaffenheit auch einiges
aus. Aber der Einfluss des Lichts auf den menschlichen
Geist – und darum geht es hier – steht bei ihm nicht im
Vordergrund. Man lese dazu eher Albert Camus, *Hoch-*
zeit des Lichts, Jean Grenier, *Die Inseln*, oder Friedrich
Nietzsches *Die fröhliche Wissenschaft*, insbesondere das
vierte Buch, Existentialisten also (wir dürfen Nietzsche
dazuzählen), die explizit über die Lichtverhältnisse im
Mittelmeerraum reden, über die Farben des Wassers,
der Felsen und des Himmels, über den Duft der Pflanzen
und Sträucher in der von der Sonne aufgeheizten Luft
und dem, was es im Menschen bewirkt. Selbst Siegfried
Kracauer redet in *Straßen in Berlin und anderswo* deutlicher über das Zusammenspiel von Licht und mentaler
menschlicher Verfassung denn Simenon, obschon er
geografisch ganz andere Orte beschreibt.

Also um Lichtverhältnisse geht es. Um die Intensität des Lichts und um innere Aufhellung. Der Existentialist redet von Licht und Schatten und dem Effekt dieser Helligkeitsabstufungen auf den Menschen.

Es sind darum die Werke Vincent van Goghs, aber auch Jean-Luc Godards *Pierrot le Fou*, Ingmar Bergmans *Die Stunde des Wolfs* oder Glauber Rochas *Gott und der Teufel im Land der Sonne* genauso existentialistisch wie die oben erwähnten Schriften. Sie alle reden von der Macht des Lichts über den menschlichen Geist. Alle fallen sie auf durch Kraft und Inspiration.

PS:

Die Macht des Lichts, dieses *betörend* intensiven Lichts auf den Goldinseln, über den menschlichen Geist erfasst Georges Simenon jedoch treffend in seiner Wortkreation „Porquerollitis".

GOLDINSELN

Porquerollitis

Dieses Licht, das sie dort haben, auf den Goldinseln, ist ein Licht, das neue Maßstäbe setzt. Man wird im Norden fortan an dieses Licht denken und man weiß, dass man in einem Licht lebt, das nur an seltenen Tagen vergleichbar ist mit dem im Süden. Man lebt so auch. Und man lebt recht. Aber das Licht in Südfrankreich, es will einem nicht aus dem Kopf. Es macht alles intensiver. Nicht nur die Farben der Landschaft, sondern auch das Leben derjenigen, die sich in diesem Licht bewegen. Das Licht dringt in den Geist ein und hellt ihn auf. Es belebt ihn. Man ist in diesem Licht inspirierter. Die Zuversicht ist groß.

Ich frage mich, ob diejenigen, die immer dort leben, wissen, was sie haben. Ich, der ich nicht dort lebe, weiß, was sie haben. Das Licht auf den Goldinseln setzt neue Maßstäbe. Ich denke ständig daran, wenn ich zuhause bin. Ich denke ständig daran, wieder auf die Goldinseln zurückzukehren, um dieses Licht neu zu erleben. So kehre ich immer wieder zurück. Schon viele Jahre.

LICHTVERHÄLTNISSE II

---

*Die Aufhellung der Verdüsterung in der Sonne gilt
es zu bezeugen. Darin ist alles enthalten, was es zu
sagen gilt.*

Ich kannte die absolute Freiheit; ich war wirtschaftlich
unabhängig, hatte Geld, konnte tun und lassen, was ich
wollte. Ob ich glücklich war? (Anfang einer Geschichte)
   Lassen Sie es mich so sagen: Der Himmel war tiefblau. Es hatte keine Wolke. Am Horizont, messerscharf
abgeschnitten von diesem Blau, glitzerte, flimmerte die
Meeresoberfläche unter der Sonne weiß-dunkelgrau.
Die Felsen um mich herum, ich saß auf einem von ihnen am Wasser, leuchteten ockerfarbig, braun, grau. Die
Felsspalten waren schwarz. Die Gischt des Meerwassers
spritzte türkisgrün und weiß an die Felsen. Dort, wo sie
nass waren, hatten sie eine torfbraune Farbe. Moos und
Algengewächse waren senfgelb und intensiv grün. Weiter
draußen, gegen Südosten, es ging gegen Abend, war das
Wasser dunkelblau.

Ob ich glücklich war? – Das ist nicht die Frage. Ich kann
weiter nicht gehen, auf der Erde, denn in dieses Licht. Es
ist nirgends sonst mehr zu gewinnen.
   Ich könnte nun etwas erfinden, eine Geschichte in diesen Rahmen hineinkonstruieren. Nur wäre das Erfundene
dem, was die Natur einem vor Augen führt, an Kraft un-
endlich unterlegen – und damit nutzlos, ohne Daseinsbe-

rechtigung und als Wohltat für andere (die es lesen) nicht zu gebrauchen.

Die Natur, das intensive Licht, aber, sind eine Wohltat.

Wenn ein Werk diese Kraft entwickeln kann, dann ist es zweifellos ein Meisterwerk.

BRÜCHE

Das Wunder sitzt nicht im äußern Zufall,
sondern in der Kraft eines Verhaltens.
LUDWIG HOHL

– I –

Ich bestellte im Takeaway *La Vague* im Hafen von Hyère
ein Stück Zwiebelkuchen mit einem Salat, dazu einen
frisch gepressten Orangensaft. Ich hatte ziemlichen Hun-
ger. Auf der Insel Port-Cros gab es nicht viel. In meinem
Rucksack führte ich eine Wasserflasche und einen Apfel
mit, den ich dann auf der Ostseite der Insel, bei einem
kurzen Badestopp in Port-Man, zu mir nahm. Die Schiff-
fahrt zurück in den Hafen von Hyère war unruhig, es
ging ein rechter Wind, zeitweise sah es nach Regen aus.
Mein leerer Magen machte sich beim heftigen Schaukeln
der Fähre bemerkbar. Zum Glück saß ich auf dem Ober-
deck, ganz hinten, an der frischen Luft. Das half gegen
die Übelkeit.

Den Wasserpfützen nach hatte es hier im Hafen im
Verlaufe des Nachmittags geregnet. Inzwischen war der
Himmel wieder klar. Die Sonne schien. Auf der Terrasse
vom *La Vague* war es aber bereits schattig. Das irritierte
mich. Der ganze Gebäudekomplex stand ungeschickt
im Sonnenverlauf. Die Sonne würde ungefähr in einem
30-Grad-Winkel südlich auf die Rückseite des Gebäudes
scheinen, wenn da nicht der vordere Teil der Überbauung,

rechtwinklig zur Westküste süd-nördlich verlaufend, den Sonneneinfall komplett blockiert hätte. Ich konnte mich an die Brutalität dieser Architektur nicht gewöhnen.

Meine Frau sagte jeweils, wenn ich mich zu solchen Dingen äußerte, ich solle es gelassener nehmen. Alles und generell. Das konnte ich so nicht hinnehmen. Denn – nicht wahr – wenn einer sich dazu entschieden hatte – und das hatte ich –, sein Leben „richtig" zu leben, dann war auch die Frage des Sonnenstandes, die Frage, ob man in der Sonne saß oder nicht, nicht unwichtig. Ich wollte in der Sonne sein. So oft als möglich. Es war dies für mich eine Grundbedingung für ein richtiges Leben.

Das falsche Leben kannte ich zur Genüge. Auch ich verbrachte meine Jahre im dunklen, schattigen Innern eines Büros, einem Gelderwerb nachgehend. Ich kannte die Abhängigkeit und die Monotonie des Alltags eines Angestellten. Nie war ich dort, wo ich hätte sein sollen. Draußen schien die Sonne, es war Sommer, warm und schön. Die Natur lebte. Ich saß im Schatten vor meinem Bildschirm und verpasste alles. Es war mir immer klar, dass dies falsch war, dass dies für mich keine Zukunft hatte, dass ich mich aus diesem Leben, aus dem falschen, eines Tages ausklinken würde.

Nun war es so weit. Ich hatte mich ausgeklinkt. Ich war auf der Halbinsel Giens untergetaucht. Man kann sich nicht vorstellen, wie befreiend ein solcher Schritt ist. Man kann die Kraft des Entscheids, frei sein zu wollen, um sein Leben richtig zu leben, nicht einschätzen, solange man diesen Entscheid nicht umsetzt. Ich hatte ihn umgesetzt. Ich war frei. Ich war Herr meiner Zeit. Es war dies für mich eine absolut glückliche Fügung. Ich lebte gerade eine Form von rauschhafter Ekstase.

Der Wille zum richtigen Lebens kommt aber nicht aus dem nichts. Es braucht dazu Druck. Aus dem Wohlbefinden, aus der Zufriedenheit heraus macht man diesen Schritt nicht. Man macht ihn aus der Beklemmung, aus der Trauer, aus einem Schock, aus einem Trauma heraus.

Bei mir war es der Verlust eines geliebten Menschen, der in mir die Ablehnung, die Missbilligung eines falschen Lebens festigte. Wir sind Nutznießer auf dieser Erde, aber keine Eigentümer, schien mir des Toten Stimme zuzusprechen. Der Abschied von diesem Menschen trieb mich in eine Form von innerer Anarchie, einem inneren Abschiednehmen von Graubereichen, von hinausgeschobenen Entscheidungen. Ich sah Licht am Horizont. Aus dem Schock ob des Verlusts heraus boten sich mir neue Blickwinkel und Perspektiven. Die Welt war schön, denn ich wusste, dass ich nun den Mut in mir hatte, einen Aufbruch, einen Neuanfang, eine grundsätzliche Veränderung zu wagen. Ich war dies nicht nur mir schuldig, so war ich überzeugt, sondern auch dem Verstorbenen. Der Tod war mir durch ihn plötzlich sehr nahe gekommen. Es war fortan alles eine Frage von Tod oder Leben. Es gab dazwischen nichts. Der Tod verlangte ein intensives Leben. Entweder lebte man oder man war tot. Ich wollte leben. Ich empfand dies als eine klare Verpflichtung: Solange der Körper lebt, soll man leben. Man soll nicht tot, innerlich empfindungslos und gleichgültig sein. Man soll sein Leben so organisieren, dass man lebt.

Die Sonne sehen, das hieß für mich Leben. Ich war aus diesem Grund in den Süden Frankreichs gekommen: Es schien die Sonne über der Halbinsel den ganzen Tag. Morgens stieg sie auf über dem Osthorizont zwischen der Insel Porquerolles und dem Festland und am Abend verschwand sie hinter den Hügeln im Westen. Man konnte den Tag in ihr verleben. Auf den Einwand hin, man müsse doch noch etwas anderes tun im Leben, denn bloß die Sonne zu sehen, konnte ich nur sagen: Nein, man muss nicht. Denn nichts anderes besaß ebensolche Kraft und Energie. Es gab nichts, das der Sonne ebenbürtig war.

Auf Port-Cros gab es eine versteckte Stelle an der Südküste, an die man über einen unübersichtlichen kleinen Pfad gelangte. Dort floss einst, in fernen Zeitaltern, Lava ins Wasser. Diese Gesteinsbrocken, kompakt, dicht und ohne Vegetation, glänzten und leuchteten hell im Sonnenlicht. Unter der Wasseroberfläche stiegen sie weiter hinab, tief hinunter in das immer dunkler werdende Grün des Meeres. Ich war Zeuge eines maximalen Spektakels an Kraft! Die Sonne, die ins Wasser hineinleuchtete, die blendenden Felsenwände, die kahl, starr und schrecklich dastanden, das Licht über allem, in nichts und nirgendwo war mehr Kraft enthalten.

Ich sah für mich keine andere Verpflichtung, denn dieses Licht in mein Leben zu holen, immer Zeit zu haben für dieses Licht. Das war richtiges Leben. Und das war keine Anmaßung!

An wenig Freude zu haben, am einfach sich Anbietenden, am Naheliegenden, dachte ich, genügt nicht. Man darf und soll diesbezüglich Ansprüche haben. Das richtige Leben verlangt keine Freude an Bescheidenheit, sondern Freude am *Holen* von Glück und Freude an der Freude selbst. So etwas ist nicht möglich in einem moralisch angepassten und orientierungslosen Zustand.

Ich glaube nicht an die Kraft im Menschen, wenn er nicht ganz bewusst seine Kraft zu mobilisieren sucht. Ich verachte ihn deswegen nicht – im Gegenteil, ich mag ihn für diesen Makel. Es macht ihn menschlich. Unsere Beweggründe stützen sich nicht selten auf ganz Gewöhnliches. Für Sicherheit passen wir uns bis in unser Innerstes an. Wir verlieren das Ziel, das richtige Leben, nur allzu leicht aus den Augen.

Ich glaube aber auch, dass es dem Einzelnen möglich ist, diesen Makel, die Bequemlichkeit, die Ängstlichkeit zu überwinden. Ich wüsste für mich keine passendere Aufgabe zu benennen denn diese.

In solche Gedanken war ich versunken, als die freundliche Kellnerin schließlich den Zwiebelkuchen mit Salat servierte. Sie kannte mich. Ich kam beinahe jeden Abend in den Hafen für ein Abendessen. Dafür, dass das Gebäude die Sonne abdeckte, konnte sie nichts. Die Bekömmlichkeit des Gerichtes machte diesen Verlust erträglich. Die Frau arbeitete viel. Wenn ich richtig beobachtet hatte, verbrachte sie den ganzen Tag im Laden. Am Dienstag war geschlossen. Ansonsten war sie immer da, auch am Sonntag.

– II –

Für den Heimweg brauchte ich etwa eine Stunde. Ich ging dazu den Oststrand entlang. Ich hatte mir auf dem Campingplatz *Eurosurf* einen Bungalow gemietet, der das ganze Jahr über bewohnbar war. Ich war einer der ganz wenigen

Dauermieter. Von November bis März war es sehr ruhig. Zeitweilig hatte ich dann den Eindruck, mit dem Wind ganz alleine zu sein. Jetzt, im September, waren noch Gäste da. Kinderlose Paare oder Pensionierte bevölkerten das Camping. Einige betrieben auch Kitesurfen auf der Westseite der Halbinsel. Sie kamen mit ihrer Ausrüstung immer erst nach der Dämmerung zurück. Am nächsten Morgen, nach dem Frühstück, fuhren sie wieder hin. So ging das eine Woche, vielleicht auch zwei.

Nicht wenige Zürcher kamen hierher. Ein paar Tage Entspannung im Süden taten gut. Die Wassertemperatur des Zürichsees war ihnen vielleicht schon zu frisch, und auf der Halbinsel war die Badesaison noch lange nicht vorüber. Ich badete hier noch im Dezember. Aber ich badete auch in Zürich nicht selten im Herbst.

2018 gab es einen äußerst warmen Oktober. Ich erinnerte mich, wie das Laub der Bäume hinter dem Löwendenkmal, vom Wasser aus gut sichtbar, bereits gelb verfärbt war. Auch am Todestag des geliebten Menschen hatte ich im See gebadet. Es war kein Baden aus bloßem Vergnügen. Es war ein ganz bewusstes Baden, ein Baden in die dunklen Herbstnächte hinein, ein Baden, das den Winter berührte. Wie soll ich es treffend sagen? Ich wollte die Sonne sehen, auch wenn es eine bleiche und nicht kraftvolle Sonne war, die in einem spitzen Winkel, knapp über dem Üetliberg stehend, in die Stadt hineinschien.

Was wollte ich erfahren dabei? Ich überlegte mir dies auf dem Heimweg zum Campingplatz. Was genau war der Zweck dieses Badens in den zürcherischen Winter hinein? – Es war ein Wille zur Realität. Ein Wille, körperlich der Natur, der Erde so nahe als möglich zu sein. Ich wollte auch meinem Leben so nahe als möglich sein. Es war ein körperliches Empfinden, es lag aber auch etwas Metaphysisches darin. Eine mentale Kraft. Ich konnte nicht mit Bestimmtheit sagen, ob diese Kraft in mir war oder ob sie in der Natur lag. Was ich sagen konnte: Es war ein Seelenzustand, der nach einem Aufbruch verlangte. Der Wille zur Realität war der Wille, ein größeres Leben zu berühren.

Ich kündigte meine Stelle im folgenden Jahr und verließ Zürich im September 2019. Ich liebte die Limmatstadt. Ich lebte in ihr viele Jahre. Aber ich musste meine Fixkosten senken. Zürich war ein schönes, aber teures Pflaster. Ich stand noch Jahre vor meiner Pensionierung. Die wäre frühestens im Jahr 2026 möglich gewesen. So lange konnte ich nicht warten. Ich verließ ein gesichertes Dasein und den Ort, an dem nur gesicherte Leben, Lebensverhältnisse in finanzieller Stabilität möglich waren. Zürich war kein Platz für existentielle Experimente. Es war Ort für ein kalkulierbares und übersichtliches Mitgehen und Mitmachen. Das konnte ich für mich nicht mehr akzeptieren.

Die Halbinsel Giens war von Anfang an, in meinen ersten Gedanken des Bruchs, präsent. Es gab dazu kaum eine Alternative. Ich kannte sie, war schon seit langem jedes Jahr für ein paar Tage Ferien in den Süden Frankreichs gereist. Ich kannte die Infrastruktur. Ich wusste, dass man hier ein einfaches Leben führen konnte. Ich konnte mir innerlich ausmalen, wie es sein würde. Und es war genau so.

Man muss doch eine Idee haben von etwas – nicht wahr. Man muss es sich vorstellen können. Man muss einen Weg, eine Möglichkeit sehen. So ganz ohne Vorstellung kann man kaum Kraft entwickeln für eine Unternehmung. Man muss ein inneres Bild von ihr haben. Dieses Bild umzusetzen, das ist der Akt der Realisierung. Ein solcher Akt ist nie Kind des Zufalls. Man beginnt kein neues Leben auf dem Zufall. Ein neues Leben bedingt das Sehen dieses Lebens, *bevor* man es umsetzt.

Ich erinnerte mich genau an einen Tag in Zürich, der mit dieser gedanklichen Entwicklung in Zusammenhang stand. Es war ein milder Dezembermorgen im Jahr 2018. Ich verließ meine Wohnung für einen Spaziergang gegen 10 Uhr morgens. Der Himmel war bewölkt. Hinter der Kanonengasse, über den Dächern der Häuser, präsentierte sich der Waldhang des Üetlibergs. Die Natur, so nahe am Stadtzentrum, war ein erbaulicher Anblick. Für Schnee war es viel zu warm. Ich ging auf der Gessnerbrücke, als die Sonne durch die Wolkendecke brach. Sie stand knapp über dem Gebäude der Migros City, sehr südlich. Es war dieses unverhoffte Hereinbrechen von Licht eine Art Zeichen, ein Wink. Es erinnerte mich an eine Verpflichtung, ein Versprechen, das ich einzulösen hatte.

Ich nahm die Bahnhofstrasse, geschmückt mit Tannenbäumen und Weihnachtsbeleuchtung, trat in die Buchhandlung Orell Füssli ein. Es gab eine neu illustrierte Ausgabe von Kurt Guggenheims *Alles in Allem*. Die wollte ich sehen. Das Buch lag zuvorderst bei den Neuerscheinungen. Auf einer Seite, die ich zufällig aufschlug, stand in etwa: Er ist auch einer von denen, die es getan haben. Er hat ein Werk hinterlassen. Die Rede war von Marcel Proust.

Ich dachte dann, ich will kein Werk hinterlassen. Nicht das Werk war meine Ambition. Ich wollte immer wieder neu den Moment richtig fassen. Ich wollte immer wieder neu die Sonne sehen. Ich wollte täglich bereit sein dazu. Das war nur möglich vor Ort, draußen, dort, wo es passierte.

Ich ging schließlich bis zum Bürkliplatz, trat auf den Schiffssteg hinaus. Die Seeoberfläche war unruhig. Es herrschte Wellengang. Über den weißen Alpen war ein Streifen blauen Himmels auszumachen. Vielleicht wirkte ein wenig Föhn. Die Farbe des Wassers war beinahe schwarz.

Wenn man drin war, in einem Business, in einer Arbeit, dann war man eben drin und konnte diese eindrückliche Naturlandschaft, diese Kräfte, den See, die Alpen, den Wind, die Sonne nicht sehen. Man war drin, in einem Büro, einem Raum, und mit anderem beschäftigt. Ich aber wollte draußen sein. Ich wollte diese Landschaft sehen. Ich wollte die Stadt sehen. Ich wollte mich mit diesen Dingen beschäftigen und nicht dies alles übersehen, da ich meine Zeit für anderes aufbrauchte.

Wenn für Kurt Guggenheim das Werk diese Verpflichtung bedeutete, so war es für mich die maximale Aufmerksamkeit gegenüber den Straßen der Stadt, ihren Häusern, dem Sonnenstand, der Lufttemperatur, der Farbe des Sees, des Lichts über den Alpen. Dieses metaphysische Leben über dem menschlichen Leben zog mich an. Dieses umfassendere, ältere, ewige Leben über dem alltäglichen.

Die Sonne zu sehen – und darüber hatte ich in jenem Augenblick auf dem Schiffssteg keine Zweifel – bedingte den Bruch mit der Gesellschaft, in der man lebte. Man konnte dies nicht schnell tun, zwischendurch, in einer kurzen Arbeitspause, spielerisch und unverbindlich.

Es würde diesen Bruch aber niemand begreifen. Er war gefährlich. Er redete von Unsicherheit. Er redete vom Ungewissen, vom unnötigen Risiko. Menschliche Augen werden ernst und beginnen zu forschen, wenn man von solchen Dingen redet. Es wird ruhig und schweigsam. Das Gespräch verstummt, denn das Verständnis und das Vertrauen sind nicht mehr vorhanden.

Meine Frau hatte es auch nicht verstanden. Sie wollte in ihrem Leben nichts verändern. Sie machte darum auch nicht mit, als ich mit der Umsetzung meines Vorhabens begann. Es tat mir dies leid für uns beide. Aber ich musste ein existentielles Problem lösen, ein Problem, das sie nicht hatte. Es handelte sich nicht um eine Ehekrise. Es war auch keine Alterskrise oder Arbeitsmüdigkeit. Es war nichts, das ich mir einfach so ausgedacht hatte, aus Langeweile, aus einem Unterbeschäftigtsein. Es war ein Einlösen einer Verpflichtung gegenüber einer stetigen Erinnerung.

Ganz man selbst zu sein bedingt den Bruch mit der Gesellschaft, dachte ich. Sonst wirkt man in Bezug zu ihr. Man will gefallen, man will seinen Platz behaupten, man will Einfluss nehmen, man will Sicherheit ausbauen. Man lebt dann als Mensch unter Menschen für Menschen. Wenn jemand stirbt, ist das auch ein Bruch mit der Gesellschaft. Ein sterbender Mensch ist ganz bei sich. Er lässt die Gesellschaft allein. Auch ich als Nahestehender werde zurückgelassen. Ich spiele keine Rolle mehr im Leben dieses Menschen. Es ist ein definitiver, abschließender Bruch. Dass der Hinscheidende alleine ist oder sich alleine fühlt im Akt des Sterbens, wage ich nicht zu behaupten. Der Zurückgebliebene ist alleine. Das ist sicher. Es ist zu vermuten, dass der Sterbende verbunden ist mit dieser metaphysischen Welt, diesem Leben über dem Leben. Er ist darin eingebettet.

Ich glaube daran, dass man eingebettet sein kann in dieses größere Leben, auch wenn man gesund ist und körperlich fit. Der Bruch mit der Gesellschaft ist keine Frage des Alters oder des Krankseins, des Schwachseins. Es ist eine Einstellung, die man in seinen besten Tagen festigen kann.

Ich schaute mich noch ein wenig um auf dem Schiffssteg. Das Bauprojekt neben der Villa Rosau hatte im Rohbau seine volle Höhe erreicht. Eine kleine Tanne stand oben. Die Promenade vor dem Kongresshaus und dem Roten Schloss war kahl. Noch konnten die frisch gepflanzten, jungen Bäumchen den Platz bei Weitem nicht füllen. Ich kehrte über den Schanzengraben und die Löwenstrasse nach Hause zurück. Am Abend desselben Tages setzte ich mich in die *Beckeria*, einige Schritte von meiner Wohnung entfernt, und schrieb, während es draußen eindämmerte und immer noch ein milder Wind ging, einmal alles sauber auf:

Wo liegt für den Menschen die Wahrheit? Man darf diese Frage, auf sich selber angewendet, ruhig einmal stellen. In welcher Ecke findet sie sich, wo hält sie sich versteckt? Es ist nicht die letzte Beschäftigung, hier Forschung zu betreiben.

Als Wahrheit würde ich unsere *eigensten* Bedingungen nennen, um zu leben. Diese Bedingungen zeigen sich, wenn es ganz ruhig ist, wenn wir alleine mit uns selber sind, ohne Ablenkung. Dann wissen wir genau um sie.

Als ich die *Beckeria* verließ, gingen über der Lagerstrasse die Lichter an. Die Beleuchtung des *Kosmos* war gut sichtbar, dahinter in der Distanz stand der Prime Tower. Es lag eine festliche Atmosphäre in der Straße. Das alles war auch Wahrheit. Es lag darin ein Ruf zur Freiheit.

Am Toten meine Verzweiflung darüber auslassen, dass ich meiner selber nicht gedenke, dass ich meine Freiheit nicht wahrnehme, dachte ich, werde ich nicht. Ich gedenke meiner selbst und werde meine Freiheit wahrnehmen. Ich muss nichts an einem anderen auslassen. Ich habe keine Ressentiments. Es war dieser Gedanke mein täglicher Begleiter seit Oktober 2018. Schon beim Baden im See, damals, noch im Zustand des Schocks über den Verlust des Verstorbenen, vom Wasser aus das gelbverfärbte Laub an den Bäumen sehend, die Sonne sehend, die bereits flach in die Stadt hineinschien und lange Schatten produzierte, wies alles darauf hin, dass ich nun ernst machte mit Freiheit. Ich brauchte kein Opfer. Ich war auch kein Opfer, von niemandem. Ich trug die volle Verantwortung für mein Denken.

– III –

Obschon der Himmel wieder wolkenlos war und die Sonne den Sand in ein warmes Licht tauchte, waren nur wenige Badende auszumachen. Offenbar war das Gewitter am Nachmittag so stark und ausdauernd gewesen, dass sie den Strand für heute aus ihrem Tagesprogramm gestrichen hatten. Als ich schließlich mein Zuhause erreichte, sah ich, dass einige auf der regengeschützten Veranda ihres Bungalows saßen, etwas lesend oder Musik hörend.

Ich legte das Badezeug zum Trocknen aus und nahm eine heiße Dusche. Später ging ich zum Autoparkplatz, der sich leicht erhöht neben dem Campingeingang befand. Von dort hatte man eine hervorragende Sicht auf die untergehende Sonne. Ihr Glanz reflektierte auf der Oberfläche der zahlreichen Wasserbecken in der Mitte der Halbinsel. Die sanften Hügel des Festlandes im Westen waren in ein goldenes Licht getaucht. Die Silhouetten vom Wind verbogener und verkrümmter Pinien ragten dunkel ins Bild hinein. Der Himmel wölbte sich ganz klar und dunkelblau über der Landschaft. Alles in allem war der Sonnenuntergang auf der Halbinsel etwas Außergewöhnliches, ein Wink, ein Ruf aus dem Teil dieser Welt, den es willentlich zu erblicken galt. Ich hätte nichts zu benennen gewusst, das stärker denn diese Verheißung war. Der Wille zur Realität war, Licht zu sehen. Und damit war nicht gemeint, lediglich das Bild zu betrachten und zu genießen, sondern diesen Wink, den Ruf, das Metaphysische daran zu erhaschen und als dauerhaftes, inneres Bild zu installieren. Es war ein Eingebundensein in das alte, lange Leben, in dieses Bild, das schon immer war.

Ich kehrte zum Bungalow zurück, setzte mich noch ein wenig auf die Veranda und sah in die Nacht hinaus. Die Beleuchtung, in der Krone einer Pinie befestigt, warf ein kaltes Licht auf den Kiesplatz. Vereinzelte Stimmen waren auszumachen aus den Nachbarhäusern sowie Teller- und Geschirrgeklapper.

Ich legte mich alsbald hin. Die Nacht war ganz ruhig, absolut windstill. Irgendwann, gegen den frühen Morgen hin, war das schwache Motorengeräusch eines Autos zu hören, das sich von der Hauptstraße her Richtung Festland entfernte. Es war noch dunkel und ich schlief wieder ein. Als ich erneut erwachte, war es bereits hell. Ich schob den Vorhang zurück und sah den wolkenlosen, blauen Himmel.

Wie immer eröffnete ich den Tag mit einem Bad im Meer. Der Strand war noch menschenleer. Eine einzelne Joggerin ging auf dem nassen und harten Sand nahe der Wasserlinie. Die Sonne stand vor mir in einem spitzen Winkel zwischen dem Festland und Porquerolles und brannte herab. Die Meeresoberfläche war spiegelglatt, glitzerte, funkelte und blendete. Ich konnte mich an diesem Bild kaum sattsehen. Beinahe blind, das Funkeln des Lichts auf dem Wasser war so intensiv, tastete ich mich in die frische Brandung. Nur langsam senkte sich der Sandboden, ich musste, um einige Züge zu schwimmen, weit hinausgehen. Ich ging also in diese Sonne hinein, ihr entgegen. Ihr Glitzern und Züngeln zogen mich an. Für einen Moment dachte ich: Wenn ich so sterben müsste, hätte ich das volle Leben gehabt. Aber es war nicht Zeit zum Sterben. Der Tag war jung und es war ein Tag voller Sonne. Es war Zeit, um zu leben.

Ich schwamm, betört und geblendet, in die Sonne hinein. Die Nähe zur Natur war maximal. Meine Einreihung, mental und körperlich, war weit vorangekommen. Auf die Frage, wer oder was ich eigentlich war, hätte ich geantwortet und damit vollauf die Wahrheit gesagt: Ein Mensch auf dieser Erde. Als körperliches Wesen hätte ich weiter nicht gehen können. Sonne, Körper, Wasser, Wärme. Das hing alles zusammen. Das war eine Einheit, aus einem Guss, aus demselben Ursprung, aus derselben Materie. Ich tat nichts anderes, als das zusammenfügen, was zusammengehörte. Ich war Teil dieser Natur. Ich war nach Hause gekommen.

Nach dem Bad holte ich für ein anständiges Frühstück frisches Brot, Milch und ein wenig Käse aus dem Campingshop. Kaffee, Butter und Honig hatte ich noch zu Hause. Zudem kaufte ich für die anstehende Wanderung eine Flasche Wasser und zwei Äpfel.

Es kam auch schon vor, dass ich mir einen Brunch im Garten des Hotels *Ibis*, das an den Campingplatz angrenzte, gönnte. Dort gab es frische Buttercroissants, Omelette mit Ei und Speck, Joghurt, verschiedene Käsesorten, Früchte und Kaffee à discrétion. Und das alles auf einer gepflegten Terrasse mit Sicht aufs Meer.

Heute aber frühstückte ich auf der sonnigen Veranda meines Bungalows. Danach bepackte ich meinen kleinen Rucksack mit Badezeug, Wasser und den Äpfeln, dann zog ich los.

Zuerst ging es zum Dorf Giens hinauf. Hinter dem Hotel *Provençal* nahm ich die Treppe zum südlichen Küstenweg, über den ich schließlich, am Schwimmbecken des Hotels vorbei, dessen hellblaue Grundierung schön mit dem dunkelblauen Meer kontrastierte, an den Hafen Niel gelangte. Von dort zog ich zum Küstenweg hinauf, der zum westlichen Teil der Halbinsel führte.

Schon bald bot sich eine herrliche Aussicht auf die Buchten und die Felsen. Dort, wo der Untergrund sandig war, hatte das Meer eine türkisblaue Farbe. Am Horizont war es dunkler und bildete eine messerscharfe Linie mit dem hellblauen Himmel. Im Westen, auf dem höchsten Punkt der Halbinsel, war ein Observatorium auszumachen, vom

Militär betrieben. Der dichte Pinienwald, die Büsche und Sträucher reichten bis an die Küste hinunter und verströmten einen frischen Duft nach Holz und Kräutern. Die Felsen über dem Wasser hatten bizarre, zackige Formen. In ihren Spalten wuchsen Kakteen. Da und dort bot sich eine Sandbucht zum Baden an. Die Frage war nur, wie man hinunterkam. Ich befand mich zeitweise weit oben, vielleicht etwa einhundert Meter über dem Meeresspiegel, und wollte einen Abstieg über die unübersichtlichen Felswände, die zugewachsen waren mit Wurzeln und knorrigen Ästen, nicht riskieren. Schließlich fand sich dann doch eine zugängliche Bucht, eingerahmt von steilen, verschnörkelten Felswänden links und rechts. Weit oben, über mir, knarrte ein dicker Ast bedrohlich. Ich blieb daher nicht allzu lange.

Es gab sechs verschiedene Farben, die diese Gegend dominierten und die man so nur im Mittelmeerraum antraf: das helle Ocker der Felsen, das Braun der moosbewachsenen Felsen an der Wasseroberfläche, das Türkisblau des Wassers über sandigem Untergrund, das Dunkelblau des Wassers an tiefen Stellen, das Grün der Pinienbäume und das Hellblau des Himmels. Die Sonne, die kontinuierlich stieg, tauchte die Landschaft immer stärker in ein helles, flimmerndes Licht. Die Wasseroberfläche begann nun auch auf der Südseite der Halbinsel zu glänzen und zu glitzern.

Irgendwann traf ich auf einen Strand mit Badenden. Einige schwammen und beobachteten Fische, andere sonnten sich auf der dünnen, langgezogenen Sandbank. Gleich hinter ihnen, ich sah es von der Höhe aus, erstreckte sich weit und dicht der Pinienwald.

Es war eine fantastische Gegend. In mir breitete sich ein Hochgefühl aus, eine feierliche Stimmung. Es war eine atemberaubend schöne Kulisse, die sich vor meinen Augen auftat. Ich konnte das alles absolut gutheißen und annehmen. Es gab nichts, das die Freude an diesen Augenblicken hätte schmälern können. Ich lebte ganz im Jetzt. Alles in mir strebte zu diesem Jetzt hin, zu diesen Momenten in dieser Gegend. Ich war am richtigen Ort, ohne Vorbehalte und Zweifel. Ich konnte mein Leben, verbunden mit dieser Natur, in dieser Landschaft, nur bejahen. Ich sah die Sonne, die glänzende Meeresoberfläche, die Felsen, ich sah den hellen Himmel, ich schnupperte die frischen Düfte der Pflanzen und der Bäume. Diese Gegend machte aus mir den Menschen, der ich sein wollte. Sie erhob mich auf ein annehmbares Niveau.

Am frühen Nachmittag erreichte ich den westlichsten Punkt der Halbinsel. Es befand sich dort, in beträchtlicher Höhe, ein alter, zerfallener Bau, ein Schacht, der bis ans Wasser hinunterreichte. Vermutlich hatte man in früheren Jahrhunderten durch diesen Schacht Waren von Schiffen auf das Festland transportiert. Von dieser Anlage führte eine Treppe zum Meer hinunter. Diese Treppe nahm ich. Sie endete, nach einer leichten Kurve Richtung Süden, auf einem Felsenvorsatz, etwa fünfzehn Meter über der Wasseroberfläche. Ein bescheidener Unterstand aus Stein war dort installiert.

Die ganze Bucht war mit Sonne erfüllt. Bis in die kleinste Felsenritze drang Licht. Möwen schwebten über der Brandung, im warmen Aufwind an der immer gleichen Stelle verharrend. In der Distanz waren die Inseln Großer Ribaud und Porquerolles auszumachen. Ich setzte mich und nahm meine Verpflegung aus dem Rucksack.

Hier war ich nun, ausgeklinkt, untergetaucht, eingetaucht, und hatte die Übersicht über weite Landschaften, traumhaft schöne Landschaften. Das Paradies befand sich auf Erden, ohne Zweifel, aber es war auch ein innerer Zustand. Ich saß hoch oben, auf dieser alten Festung und sah in das Meer hinaus, zu den Inseln hinüber, an die Felswände, die steil ins Meer hinunterstürzten. Es waren dieselben Felswände, wie sie sich schroff und mächtig präsentierten hinter dem Zürichsee im Dezember oder in den Straßen der Stadt in Form von beleuchteten Häuserschluchten. Nur das Licht machte einen Unterschied. Das Licht des Südens war gewaltig. Dort, im Norden, gab es immer ein Höher-oben. Ich hatte dies nie vergessen, hatte es zu erreichen versucht durch Nachdenken und Fühlen. Aber das Höher-oben ist kein Gedanke oder eine Eingebung, sondern mehr Licht. Das war hier im Süden ganz leicht erkennbar. Das alte, ewige Leben über dem Leben, die Wahrheit, war mehr Licht.

HERBSTLIED ODER VON DER VERGÄNGLICHKEIT II

Auf der Halbinsel Giens wird klar, dass eines niemals deutlich genug zum Ausdruck kommen kann: der Wind. Ihm werden wir weder schreibend noch fotografierend gerecht. Anfang November heult er fast für uns allein und es wird schon früh dunkel.

Die Vögel sind schon lange gegangen.
Die Lufttemperatur reicht gerade
für ein letztes Bad im Meer.
Nur noch langsam vermag die Sonne
den nassen Körper zu trocken.
Bald gehen wir auch.

Letzte Exzesse von Licht und Schatten
von Sonne und Wind.
Was die Zukunft uns bringt?
Wir wissen es nicht.
Noch einmal Licht und Schatten,
bevor Dunkelheit über uns hereinbricht.

Man liebt Dinge stets weniger.
Man ist bereit, sie gehen zu lassen,
den blauen Himmel und die Wolken
und Menschen, die man gernehatte.
Die Vögel sind bereits gegangen.
Und bald gehen wir auch.

VERINNERLICHUNG

---

*In der Sonne zu wandern, stundenlang, tagelang, so oft
es geht, und die Schatten zu verbannen.*

Die Nacht war dunkel. Kaum ließ sich etwas erkennen von
der Landschaft. Kein Licht erhellte die Wasserfläche, die
unweit zu meiner Linken sein musste. Nur sanft wehte der
Wind und die Brandung machte leichte Geräusche.

Ich trug dich innerlich mit mir. Für immer warst du in
mir präsent. Auch wenn ich mich alleine durch diese Gegend bewegte, die wir gemeinsam entdeckt hatten, so war
mein Gefühl der Untreue nicht stark. Ich war dir nicht
untreu. Nie hätte ich diese Gegend mit jemand anderem
besuchen können denn mit dir. Und so, da du nicht mit
mir sein konntest, körperlich, warst du es gleichwohl in
meinen Gedanken.

In meiner Erinnerung war alles voller Licht. Es gab
keine Schatten in meinen inneren Bildern. Das Glitzern
der Sonne auf der Wasseroberfläche. Der weite Himmel.
Der helle Horizont. Das frische Brot, die Oliven und To-
maten, der Käse am Wasser. Unsere Vertrautheit. Unsere
Komplizenschaft. Unsere Verbundenheit. Ich rechnete es
dir hoch an, dass du dein Leben mit mir teiltest. Ich war
stolz auf dich. Deine Unbestechlichkeit hatte mich beein-
druckt und verpflichtet.

Du hattest es mich gelehrt. Nun war auch ich unbestechlich geworden. Und ich begriff, was Treue bedeutete.

Die Dunkelheit machte mir nicht viel aus. Es konnte

nichts passieren. Ich war nicht allein. Klein funkelten die Sterne am Nachthimmel. Dein Stern war mit dem meinigen verbunden. Unsere Schicksale waren ineinander verwoben. Und es fühlte sich, da ich dich innerlich bei mir hatte, gar nicht anders an als einst. Es war dasselbe. Die Liebe, die wir teilten, die wir füreinander empfanden, war vollständig. Mental war alles vorhanden. Es fehlte nichts.

VOM GUT GEMACHTEN WERK

Uns mit unseren Mitteln zu arrangieren. (Antwort auf die Frage, was mit dem „Annehmen des eigenen Schicksals" eigentlich gemeint sei.)

So kam es, dass ich nach Mitternacht unter dem hell erleuchteten Escher-Denkmal beim Hauptbahnhof stand und in die menschenleere Bahnhofstrasse hinabschaute.

Die Zugfahrt von Toulon bis Genf war reibungslos verlaufen. Der TGV war pünktlich in Genf eingetroffen. Die Zeit reichte für ein Entrecôte mit einem Glas Burgunder in einem kleinen Restaurant gleich beim Bahnhof. Gemütlich installierte ich mich schließlich im Bistro-Wagen des Intercitys, Abfahrt 19.15 Uhr Richtung Ostschweiz, für einen Milchkaffee mit Schokoladenkuchen. Wenn alles rund gelaufen wäre, hätte ich nach 23 Uhr in St. Gallen sein können. Hinter Lausanne allerdings kam die Fahrt ins Stocken. Angeblich war die Lokomotive eines vorhergehenden Regionalzugs defekt. Gemäß der Durchsage des Zugführers sollte die Panne nicht mehr als vierzig Minuten Verspätung mit sich ziehen. Es wurden schließlich neunzig Minuten daraus. Einige Zeit war nicht klar, ob wir nach Lausanne zurückkehren würden, um über Yverdon und Biel zu fahren. Aber das war dann offenbar nicht nötig. Es gab vor Bern noch weitere Verzögerungen, so dass ich erst um 23.40 Uhr in Zürich ankam und damit meinen letzten Anschluss in die Ostschweiz verpasste.

Ich stand mit meinem Koffer in der Bahnhofhalle und wusste nun nicht recht, was ich tun sollte. Die Luft war kühl und es zog. Das *Federal* hatte noch offen. Ich trat ein und setzte mich für einen Pfefferminztee an einen der Tische beim Eingang. Das Restaurant war fast leer. Drei Gestalten saßen an der Bar im hinteren Teil.

Welcher Kontrast zum Süden! Ich hatte Toulon bei Sonnenschein und weit über 20 Grad gegen Mittag verlassen. Der Himmel war tiefblau gewesen. Das Licht intensiv. Goldgelb leuchtete das Laub der Platanen und weiß die Felsen hinter dem Bahnhof. Der Marmor am Eingang blendete.

Und nun befand ich mich im *Federal* in Zürich. Draußen war es dunkel und die Lufttemperatur im Bahnhof betrug deutlich unter 12 Grad. Ich musste mir etwas einfallen lassen für die bevorstehende Nacht. Es würde sich sicher ein Zimmer finden in irgendeinem Hotel in der Nähe. Die Servierdame wollte pünktlich schließen. Ich zahlte und trat an die frische Luft. Unter dem Escher-Denkmal zündete ich mir eine Zigarette an. Ich genoss das Räuchlein im Freien. Es duftete nach Abenteuer. Vor mir lag die spärlich beleuchtete und unbelebte Schlucht der Bahnhofstrasse. – Aber ich brauchte keine Angst zu haben. Ich war kein Fremder. Ich kannte diese Stadt. Ich war in ihr aufgewachsen.

Schließlich nahm ich meinen Koffer und ging gelassenen Schrittes Richtung Central. Auf der Bahnhofbrücke schlug mir feuchte Luft entgegen. Schwarz und träge floss die Limmat stadtauswärts. Linker Hand der überdachten Tramhaltestellen, die mir alle sehr neu schienen, leuchtete ein Schild: *Central Plaza Hotel*. Voilà. Dort konnte man ja mal anfragen.

Zehn Minuten später bezog ich ein ruhiges und gediegenes Zimmer mit großem Bett, frischen Kissen und schöner Bettdecke. Ein blitzblank sauberes Bad befand sich gleich nebenan. Und für den folgenden Morgen hatte ich ein anständiges Frühstück gebucht. Ich konnte mich wirklich nicht beklagen.

Ich hätte mir nun eine heiße Dusche gönnen und mich dann in dieses saubere, große Bett legen können. Ich hätte geschlafen wie ein Stein. Aber ich war kaum müde. Auch reizte es mich, noch ein wenig und wieder einmal durch Zürichs Straßen zu gehen. So kam es, dass ich gegen 1 Uhr morgens erneut auf der Bahnhofbrücke stand und in den Fluss hinabschaute, aber diesmal auf der Seeseite, stadtaufwärts. Der Limmatquai war in ein kaltes, weißes Licht getaucht, das von den Schaufenstern her auf den Asphalt der Straße hinausschien. Selbst in der Nacht sah man, dass das Laub der jungen Bäume auf der Flussseite des Quais goldgelb verfärbt war. Es war kaum jemand unterwegs. Auch fuhren keine Trams mehr. Die gedeckten Haltestellen standen leer, waren aber hell beleuchtet. Schließlich tat ich ein paar Schritte den Limmatquai entlang. Ich atmete mit Genuss die frische, kalte Herbstluft ein. Sie roch gut nach verbranntem Holz.

Ich überlegte dann, auf der Höhe der Rosengasse, ob ich ins Niederdorf einbiegen sollte. Ich hätte über den Predigerplatz den Seilergraben erreicht. Dort, schräg gegenüber dem Lampengeschäft *Matahari*, führte eine Treppe zum Hirschengraben hinauf, über den ich schließlich zurück zum Central und zu meinem Hotelzimmer gelangt wäre.

Ich entschied anders und blieb am Limmatquai. Die großen Fenster des *Gran Café Motta* waren dunkel. Auch das *Café Rathaus* hatte kein Licht mehr. Aus der *Storchen*-Bar drang für einen kurzen Moment Pianomusik. Wahrscheinlich hatte jemand gerade das Lokal verlassen und die Türe war offen geblieben. Ich stand für einen Moment am Geländer und hörte hin. Es kam nichts mehr. Ich überquerte die Gemüsebrücke und trat in die Bar ein. Jazz, Soul. Robi Weber. Ohne Zweifel. Es war sein unverkennbarer Stil. *Something you've got* und *Beaux Song*. Ich erkannte den swingenden Sound, den ich als Jugendlicher, vor gut vierzig Jahren, auf Platten meiner Eltern entdeckt hatte. Ich verweilte noch ein wenig am Eingang, um zu lauschen. Wieder draußen, zündete ich mir eine Zigarette an und betrachtete ein wenig die vorteilhaft beleuchteten alten Gebäude am Flussufer. Das schöne Zunfthaus zur Meisen kam besonders gut zur Geltung. Aber auch das Helmhaus und die Münsterbrücke waren beeindruckend in der Nacht. Ein Schwan ließ sich flussabwärts treiben. In der Rathausbeleuchtung glänzte sein Gefieder hell.

Ich ging weiter entlang der rechten Flussseite, an der Wasserkirche, am Haus Select und am Rabenhaus vorbei, und erreichte schließlich das Bellevue. Das *Terrasse* war noch offen. Ich hätte nun für einen Schlummertrunk eintreten können. Warmes und einladendes Licht kam aus dem Restaurant. – Aber ich ließ es sein. Ich dachte an Albin Zollinger, der hier vor mittlerweile achtzig Jahren verkehrt hatte und seine Zettelchen beschrieb. Es kam mir dabei ein Gedicht von Charles Peguy in den Sinn, dessen erste Zeilen so lauten:

Der Tod ist nichts, ich bin nur in das Zimmer ne-
benan gegangen. Ich bin ich, ihr seid ihr. Das, was
ich für Euch war, bin ich immer noch.

Ich fand diese Zeilen richtig. Sie waren – wie sollte ich sagen – sehr menschlich. Ich verstand sie so: Mensch, führe
deine Arbeit aus, in Ruhe und Gelassenheit. Dazu ist dir
eine bestimmte Zeit gegeben. Deine Arbeit wird für immer
gesichert sein und verbunden mit deiner Person. Verrichte
sie. Das ist alles.

Zollinger musste einem Geldverdienst nachgehen. Er
war Lehrer. Es fehlte ihm die Zeit, seine Romane gelassen
zu schreiben. Es fehlte ihm die Zeit, innezuhalten, seine
Arbeit zu prüfen, sie zu korrigieren oder neu zu machen.
Er war ein Gehetzter, der für seine Ruhelosigkeit teuer
bezahlte. Er wurde nicht alt und er hinterließ Romane,
die man nicht als gelungen bezeichnen kann. Aber wie
hätte es der Schriftsteller besser machen können? Er ver-
diente nichts mit seiner Literatur. Er reihte sich ein in sein
Schicksal. Er nahm es auf sich.

Einst hatte ich gelesen:

Wir wollen ihnen nicht böse sein, für dass sie einen
übersehen. Sie übersehen so viel, auch sich selber.
Wieso sollten sie gerade dich nicht übersehen, es
käme dies einem Wunder gleich. Erwartest du allen
Ernstes so etwas?

Ich war diesbezüglich mit mir im Reinen – ich erwartete
nichts mehr. Ich hatte dieses Noch-schnell-etwas-erledigen-

Müssen hinter mich gebracht. Ich hatte es aus mir hinaus- geschrieben. Dann, irgendwann, hatte ich auch eingesehen, dass es ziellos blieb. Es fiel auf unfruchtbaren Boden, auf einen Boden, der nichts zu geben hatte. Ich verstand die Un- ruhe, die Zollinger trieb. Ich verstand seine Beklemmung ob des unerbittlichen Verfließens der Zeit. Es ist eine Beklem- mung, die stärker wird, je mehr man den Punkt verfehlt. Je mehr man den Punkt verfehlt, desto unruhiger versucht man, die Arbeit zu retten. Man kann viel Zeit verlieren in ei- ner Arbeit. Wenn man die Sache nicht richtig trifft, entlastet einen die Sache nicht. Sie belastet bis zur Unerträglichkeit, denn sie will richtig gemacht sein. Man steht auf verlorenem Posten. Aus der Unruhe korrigiert man eine Arbeit nicht zum Guten. Man verliert sich in der Zerfahrenheit. Eine rechte Arbeit erfordert Ruhe und Gelassenheit. Ich würde heute sogar so weit gehen, zu behaupten: Es ist besser, eine Arbeit gar nicht zu tun, denn sie zu verfehlen.

Ich ging über die Geleise der Tramhaltestelle am Bellevue bis zum Sechseläutenplatz, blieb dann einen Moment in der Platzmitte stehen, um das anmutig beleuchtete Opernhaus zu betrachten. Zürich war an diesem Ort besonders sauber und gepflegt, hatte ich den Eindruck. Aber es war nicht das Zürich, das mich berührte. Ich fühlte mich wohler auf der Halbinsel, das heißt in der Gegend zwischen Limmat und Sihl, ab Hauptbahnhof Richtung Süden. Herzstücke schienen mir die Sihlporte, der Schanzengraben und der Alte Botanische Garten zu sein.

Es war 1.45 Uhr. Ich spürte nun die Müdigkeit ob der gestrigen Reise. Ich überquerte die Quaibrücke und bog in den Stadthaus-Quai ein. Auf der dürftig beleuchteten

Flussseite der Wühre und der Schipfe gelangte ich zur Rudolf-Brun-Brücke und über den unteren Limmatquai schließlich zurück zum Hotel. Nach einer heißen Dusche legte ich mich in das große, saubere Bett und schlief sofort ein.

Ich erwachte bei Tageslicht, bestens ausgeruht und guter Dinge. Das Frühstück war hervorragend. Kaffee à discrétion. Brot, Zopf und Gipfel mit Butter und Honig. Dazu ein wenig Käse. Ich ließ mir Zeit. Draußen schien die Sonne. Es war ein herrlicher Herbstmorgen. Der Himmel war tiefblau. Nach dem Frühstück, entschloss ich mich, würde ich ein paar Schritte tun.

Ich trat gegen 10.30 Uhr an die frische Luft. Es war erstaunlich warm. Föhnlage, vermutete ich. Goldgelb leuchteten die Bäume im Park hinter dem Coop-Provisorium unter dem klaren Himmel. Die Wasseroberfläche des Flusses, ich stand wiederum auf der Bahnhofbrücke und schaute stadtaufwärts, glitzerte im Sonnenlicht. Schwäne ließen sich treiben und einzelne Laubblätter, die vermutlich am Bauschänzli oben von den Platanen abgefallen waren, schwammen unter der Brücke hindurch. Die Sonne stand über der rechten Uferseite. Der Limmatquai lag ab der Rudolf-Brun-Brücke noch im Schatten.

Noch einmal ging ich diesen Limmatquai hinauf, überquerte die Rudolf-Brun-Brücke und erreichte den Heiri-Steg unter dem Schweizer Heimatwerk. Die Sonne stand nun genau über den zwei Türmen des Großmünsters. Ich ging auf dem Holzsteg. Steine und Felsbrocken auf dem Grund der Limmat waren gut sichtbar. Es war sauberes Seewasser, das unter meinen Füßen dahinfloss. Es roch frisch und ein wenig nach Algen. Auf den Bänken an der Schipfe saßen Touristen. Sie fotografierten sich gegenseitig. Einer trug T-Shirt und kurze Hose. Dahinter stand die Trauerweide bei der Holzrampe des Limmat-Clubs goldgelb.

Ich blickte den Fluss hinauf. Hell leuchtete der Granit der Ufermauer im Licht. Die ganze Stadt lag unter einem blendend hellen und warmen Sonnenlicht. Zürich war eine schöne Stadt. Ich liebte diese Stadt. – Doch sie war auch eitel; ein unfruchtbarer Boden für Leute wie, fast hätte ich gesagt, Zollinger und mich; es wäre dies vermessen. Also für Leute wie mich. Unsereiner muss die Stadt verlassen, wenn sie etwas sagen wollen, was ich getan habe, oder in ihr verstummen und sich ihr anschließen. Dinge bewegen sich nicht in Zürich für uns. Zürich selber bewegt sich und glänzt. Daneben hat es keinen Platz für einen anderen Glanz. Die Stadt hat mir kein Glück gebracht. Sie beansprucht es für sich selbst allein. – Aber ich sage dies ohne Verbitterung. Wie gesagt, ich war mit mir im Reinen. Ich war auch mit der Stadt im Reinen. Es war alles gut.

Ich zündete mir eine Zigarette an, schaute noch ein wenig auf den Fluss hinaus, in das Glitzern des Wassers in der Sonne. Es hatte dieses Glitzern etwas Verführerisches, etwas Betäubendes, etwas Versöhnendes. Es war Zeit, ins Hotel zurückzukehren und meinen Koffer zu holen. Mein Zug fuhr um 11.39 Uhr.

In der Bahnhofhalle gönnte ich mir noch eine „Schale" im Café *Oscar*. In mir drin leuchtete die Sonne über dem Großmünster und glitzerte und funkelte das Wasser der Limmat. Es war ein Licht, das mich aufhellte, ohne dass es

Sehnsucht oder Heimweh auslöste. Ich war guter Laune. Es stimmte alles. Alles hatte seine Richtigkeit.

Ich installierte mich komfortabel in einem Wagon der ersten Klasse. An einem Kiosk hatte ich vorher noch eine Tageszeitung gekauft. Der Intercity verließ Zürich pünktlich. Während der Bahnhofausfahrt sah ich: Die Europaallee, das neuste Prunkstück der Diva, war schon fast fertig gebaut.

DIE BÄUME HABEN IHR LAUB VERLOREN

Look into the sun.

Ich stand ganz vorne, am Schiffsquai 1, an diesem Sonntag. Der Himmel war bewölkt, die Alpen schienen sehr nahe. Sie waren schneebedeckt. Die Schweizerfahnen auf dem Dach des Hotels *Ambassador* bewegten sich kaum. Es war windstill und kalt. Bereits gingen die Lichter an in den Schaufenstern am Utoquai. Es wurde nun wieder früh dunkel. Noch einmal warf ich einen Blick zu den weißen Alpen hin und dem grauen Himmel. Uns stand ein langer Winter bevor. Und morgen ging eine neue Arbeitswoche los. So war das. Der Kreis schließt sich.

Folgende Notizen möchte ich abschließend noch anbringen:

Wir haben uns selber verlernt, sind uns fremd geworden.
Denn auch wenn jemand unsere intimsten Wünsche erfüllen könnte, so wissen wir ja gar nicht, was diese Wünsche wirklich sind. Zu sehr sind wir verzogen durch den Druck der Gesellschaft. Wir würden irgendetwas nennen, was uns gerade in den Sinn kommt; etwas leicht zu Befriedigendes, das uns mitnichten erlöst und weiterbringt.
Wie bringen wir Spannung in unser Leben?
Was unseren Bogen abspannt – ist das meiste, das

*wir täglich um uns dulden. Unser Alltag ist die voll-
endete Kunst des Spannungsabbaus ins Leere, ohne
persönliche Resultate. Dass wir uns damit abfinden,
ist doch erstaunlich, und dies über beinahe unser
ganzes Leben hinweg.*

*Unseren Bogen zu spannen, das vermag eine gute
Schrift oder eine gute Musik.*

*Also suchen wir, wir Schreibende, den Bogen eines
anderen durch unsere Tätigkeit zu spannen. Wir wissen um die Langeweile, die er erdulden muss.*

TEIL 3

E WIE ENTFREMDUNG UND EXISTENTIALISMUS

GEISTER ENTZÜNDEN

Verändere die Welt!

Schreiben ist Opposition. Es ist Ausdruck der Begegnung mit der Welt, Ausdruck der Reibung an dieser Welt, des Nicht-einverstanden-Seins mit der Welt.

Schreiben will verändern, will alte Ordnungen zersplittern, will wecken, will aufrütteln, will Spuren legen, Orientierung sein.

Schreiben ist die Sonne in der Dunkelheit, welche diese Dunkelheit ausleuchtet, ausstrahlt, in gleißendes Licht taucht.

Schreiben soll Geister entzünden.

PHILOSOPHIE

Philosophie bietet keinen Ausweg aus der Realität, aber immerhin lässt sie Licht durch die aufbrechende Wolkendecke hereinleuchten.

Philosophie ist immer auch Politik und Soziologie. Es geht um Fragen wie: Kann der Einzelne etwas bewegen in der Gesellschaft? Wie steht es um das Machtverhältnis des Einzelnen zu den anderen und der Gesellschaft? Sind wir frei, können wir uns weitgehend selbst bestimmen, oder sind wir determiniert durch die Verhältnisse, in die wir hineingeboren werden?

Viele Buchseiten werden mit Ausführungen zu diesen Fragen gefüllt. Im Grunde genügten zwei Sätze: Wir wissen es nicht. Es gibt keine definitive Antwort.

Was wir aber sagen können: Bei einigen Philosophen fühlen wir uns wohler als bei anderen. Vielleicht weil sie Sätze schreiben, die wir verstehen, die uns etwas angehen. Vielleicht weil sie in ihrem Satzbau, in ihrer Wortwahl, in ihrem Sprachgebrauch uns nahe sind. Vielleicht weil wir ihrer Energie, ihrer Atmosphäre als Person vertrauen. Ob dieser Energie und dieser Atmosphäre können wir entscheiden, wie intensiv wir bei einem Philosophen verweilen und ob wir ihn als Leitfigur für unser eigenes Denken annehmen. Weniger seine wissenschaftliche Korrektheit und Genauigkeit überzeugen uns denn der menschliche Faktor, der Mensch hinter den Worten, des Philosophen, des Wissenschaftlers Charakter. Wir wollen sein instinktives Denken erfassen.

Antworten, jedoch, auf philosophische Fragen müssen wir selber *erleben*. Sie nachzulesen ersetzt unsere eigene Erfahrung nicht. Wir sollen selber Soziologen sein und unser persönliches Umfeld beobachten. Mit der Spannung, der Unversöhnung ob dessen, was wir sehen, müssen wir klarkommen und leben. Menschliches Leben, das dürfen wir sagen, definiert sich über diese Spannung zwischen der Wirklichkeit und dem, was der Einzelne für sich als angemessen empfindet.

Es gibt keine Formel für ein richtiges Leben. Auch gibt es keine Utopie oder ein Ideal, die für alle Gültigkeit hätten. Der Einzelne muss für sich einen gangbaren, annehmbaren Weg finden. In der Form der Bewältigung dieser Spannung liegt seine ganze menschliche Freiheit.

FREIHEIT

Im Grunde lesen wir, um etwas von diesem Geist zu erhaschen, dem Geist, frei zu sein. Wir wollen frei sein – und nichts weiter. Und doch können wir das nur, wenn wir wohlhabende Philosophen sind.

Freiheit ist – ein Wille zur Freiheit, welcher die Freiheit ersetzt, die wir uns wünschen, aber gar nicht genau definieren können in ihrer Form. Wir leben in einem mentalen Nomadentum auf der Suche nach ihr.

Es gibt keine Freiheit vor anderen, vor der Gesellschaft. Aber es gibt immer die anderen, die Gesellschaft. Also sind wir nie frei. Unsere Unfreiheit in eine Lust umzumünzen, uns mit anderen abzugeben und mit ihnen zu leben, ist der einzige Ausweg, unseres Lebens nicht überdrüssig zu werden. Wir müssen anerkennen, dass Menschsein eine Begrenzung bedeutet. Wir können Begrenzung auch anders nennen: Macht der Normierung. Kaum jemand wird bestreiten, dass diese brutal ist. Es geht um Disziplinierung oder Ausschluss, das heißt Armut, das heißt Tod, während wir noch meinen, es gehe um unser freiheitliches Leben. Freiheit ist – unsere große Illusion, die uns aber am Leben hält.

Freiheit ist – käuflich. Wenn wir Geld haben, können wir frei sein.

Denn dann können wir in der Gesellschaft leben, ohne uns der Disziplinierung oder der Angst vor Armut beugen zu müssen.

METAPHYSIK

Vom Glücklichsein

Das hinter der Realität *an Wahrem* Durchschimmernde zu erfassen, zu sehen und in diesem Sehen Glück zu erfahren, das ist die Tätigkeit und Motivation des Metaphysikers, des Philosophen.

Jede Philosophie ist Metaphysik. Aber nicht jede Metaphysik ist Philosophie. Religionen sind keine Philosophien, aber sie sind Metaphysik. Der Unterschied zwischen Religion und Philosophie liegt im Wort „wahr". Das, was an Wahrem durchschimmert hinter der Realität, kann für den Philosophen keine Idee, kein Gedankenkonstrukt, kein Glaube, keine Moral, kein menschlicher Macht- und Lenkungsapparat sein. Es handelt sich dabei für ihn vielmehr um Zusammenhänge, die den Einzelnen und die Gesellschaft betreffen, gesellschaftliche Strömungen, Einflüsse und Geschichte, die Entwicklungen und Wege zum *Wohl* der Menschen aufzeigen. Der Philosoph sieht in diesem Wahren etwas, das die menschliche Freiheit anstrebt. Philosophie, so könnten wir sagen, ist seine Beschäftigung mit dem Willen des Menschen zur Freiheit, dem Willen, frei zu sein. Dass ein Philosoph selber diesen Willen in sich hat, dürfen wir voraussetzen. Hinter der Realität etwas sehen zu wollen, das mehr ist denn bloße Realität, bedarf dieses Willens.

Kontrolle, Macht, welche manipuliert und einschränkt, welche Gesetz ist und welche die Ohnmacht und den

Gehorsam des Einzelnen fordert, gehören in den Einfluss-
bereich der Religionen oder in den Bereich des Alltags.
Einen Philosophen werden diese Formen von Machtgebaren nicht interessieren. Er wird sie beobachten, jedoch
mit einem inneren Widerstand, mit Distanz. Er sucht in
seinem metaphysischen Denken die *Aufwertung* des Menschen. Diese Aufwertung bedeutet, so weiß es der Philosoph, für den Einzelnen persönliches Glück. Und genau das
will er sehen. Er will, in Gedanken sich hinter der Realität
bewegend, glückliche Menschen vermuten und sich mit
glücklichen, freien Menschen umgeben.

Dieses sein Bestreben, so dürfen wir annehmen, ist wahr-
haftig und ernst gemeint. – Es macht ihn selber glücklich.

OPPOSITIONELLES DENKEN

Zwischen Dominanz und Unterordnung
gibt es den Widerstand.

Oppositionelles Denken nährt sich aus Beobachtungen im täglichen Leben und dem daraus entstehenden Gefühl beim Beobachtenden, dass das Gesehene falsch ist. Es trägt in sich ein *Unrecht*. Dieses Unrecht wird aber kritiklos und ohne Widerstand hingenommen von den Betroffenen. Es scheint etwas Gegebenes, Unveränderbares, dem sich der Einzelne fügen muss. Oppositionelles Denken setzt dort ein, wo dieses Hinnehmen, das Sich-Einfügen stärker ist als der Wille oder die Kraft des Betroffenen, mentalen Widerstand zu entwickeln oder sich befreien zu wollen. Oppositionelles Denken entzündet, empört sich ob dieser Kraftlosigkeit.

Denn *der Einzelne* fügt sich ein. Nicht jemand anderes oder die Gesellschaft fügen ihn ein. Er kann jederzeit damit aufhören. Den Entscheid, die Kraft zu diesem Entscheid, sich nicht mehr willenlos ein- und unterzuordnen, will oppositionelles Denken herbeiführen – beim anderen. Persönlich ist es Ausdruck des Willens zur Freiheit und der Konsolidierung der persönlichen Kraft in der Bewusstmachung.

DETERMINISMUS

Geschichte und Kraft

Wir sollen unsere Herkunft kennen, aber nicht um uns ihretwegen zu entschuldigen.

Wir können uns von Mächten, die auf uns einwirken, nicht befreien, wir können höchstens eine Gegenmacht mobilisieren. Dies zu tun ist unsere Hauptaufgabe.

Was mich am Determinismus irritiert, ist: das Unterschätzen der Kraft dieser Gegenmacht oder sogar ihre Verneinung.

Wenn es nur darum geht, uns als Produkt der Bedingungen unserer Sozialisation aufzufassen, dann geben wir uns damit zufrieden, Opfer von Mächten zu sein, die stärker sind denn wir. Wir suchen Gründe und Erklärungen in unserer Geschichte für das, was wir sind.

Wir fragen nicht nach unserer Macht, unserer Kraft, die unserem Dasein eine neue Wendung geben kann. Denn diese unsere Kraft ist unseres Glückes Schmied. Ob wir vom Schicksal verwöhnt oder benachteiligt werden, beides dispensiert uns nicht von der Aufgabe, die Kraft zum Glück in uns zu mobilisieren. Vor dieser Aufgabe sind wir alle gleich.

Determinismus ist reaktionär. Er fixiert uns in Strukturen. Er predigt unsere Gefangenschaft. Er sucht Schuldige und legitimiert damit unsere Resignation und unser Abdriften in immer mehr Hässlichkeit.

Wir, aber, wollen frei sein. Unser Wille zur Freiheit ist stark. Wir lehnen jeden Rückblick, der unsere Schwäche konsolidiert, und jegliches Ressentiment ab. Wir wollen glücklich sein.

PERSÖNLICHE MACHT

Eine gedankliche Festigung, eine instinktive Festigung, das nennen wir persönliche Macht.

Uns am Rande der Gesellschaft zu bewegen, beruflich unbeobachtet, bringt uns den Vorteil, ungehindert unsere persönliche Macht ausbauen zu können. Es kommen keine Gegenfragen. Wir interessieren ja niemanden.

Sobald wir andere interessieren, agieren wir für sie. Wir werden uns rechtfertigen vor ihren Einwänden. Wir werden auch nie mehr so weit gehen, wie wir gegangen wären im Einzelgang.

Nun gibt es solche, die meinen:

Alles macht der Mensch, um andere zu beeindrucken. Alles. Musik. Kunst. Literatur. Keiner redet nur für sich allein, um der „Wahrheit" auf den Grund zu kommen. Jeder findet die Wahrheit nur vor anderen.

Selbst das Billigste, das einer produziert, will sagen: Seht, das habe ich für euch gemacht. Das kann ich euch geben. Das sind „meine Mittel", um euch etwas zu geben.

Was gibt es dagegen einzuwenden?

Wenn wir nun nichts mehr sagen, da wir es bis anhin auf einen persönlichen Machtgewinn hin gesagt haben, spricht dies für unsere Einsicht: Unser persönlicher Machtgewinn bringt nichts, uns nicht und niemand anderem, wenn er vor anderen geschieht, sozusagen demonstrativ. Er ist nicht echt.

Worüber wir reden, hängt von der Leichtigkeit ab, mit der wir etwas erleben. Je leichter wir es erleben, desto leichter reden wir darüber.

Dasselbe gilt für das Schreiben. Solange wir schreiben, fallen uns die Dinge leicht. Wir schreiben daher auch leicht über sie. Erst wenn wir nicht mehr schreiben, erreichen wir den Grad an Ernsthaftigkeit, den eine Sache fordert. Aber dann erfährt auch niemand mehr, wie viel Tiefe in unserem Schweigen liegen könnte ...

Hier nun setzt unser persönlicher Machtgewinn ein. Dieser ist absolute Privatsache.

MODERNITÄT

Wir sind Teil der Welt, aber wir verlieren uns nicht an sie. Wir bewegen uns in ihr frei in einem sicheren Wissen um uns selbst.

Linkes Denken, rechtes Denken; ein modernes Denken ist ein *nicht ideologisiertes* Denken, denn es beruht auf unserer eigenen Erfahrung und Wahrnehmung der Realität. Ein ideologischer Überbau hat darin nichts verloren. Er beschneidet unsere mentale Freiheit. Er kerkert uns ein. Parteiendenken ist formierend und kraftlos. Oft ist es bloßes Machtgebaren einer bestimmten Gruppierung. Ein unmittelbares Erleben der Welt kommt darin nicht zum Ausdruck, somit auch nicht eine Persönlichkeit hinter dem Denken selbst.

Wenn wir politisch aktiv sein wollen, dann aufgrund einer persönlichen Erfahrung und nicht aus einem Zugehörigkeitsbedürfnis heraus. Das Zugehörigkeitsbedürfnis fördert unsere Empfänglichkeit für Ideologien beliebiger Couleur.

Unsere persönliche Macht bauen wir aus durch unsere Verbundenheit mit der Welt, durch unser tägliches Erleben und Nachdenken über uns und die Welt. Unsere persönliche Macht hält uns resistent gegen Ideologien, Glaubensüberzeugungen und Wertungen anderer. Wir sind frei und unbefangen in der Begegnung mit dem uns Umgebenden.

Die Aufhellung der Verdüsterung in der Sonne wollen wir bezeugen. Das kommt direkt aus unserer Einsicht heraus. Es ist klar und nicht schwer zu begreifen. Es enthält alles, was es zu sagen gilt.

Wir nennen es modernes Denken. Es ist ein existentialistisches Denken.

DER GANZ NORMALE WAHNSINN

Die schrecklich-schöne Brutalität des Lebens

Arbeiten wollte er nicht mehr. Die Arbeit war ihm zu monoton geworden. Er ging frühzeitig in den Ruhestand. Doch der Ruhestand langweilte ihn auch. Er wusste nichts mit seiner Zeit anzufangen. Er wusste nichts mit sich anzufangen. Er starb vor Einsamkeit.

So viel zur Verarmung des modernen Menschen, des Angestellten. In seiner Entfremdung wird ihm sein Leben zur Tortur.

Immer haben wir gearbeitet, haben uns dabei eine Nikotin- und Alkoholsucht angewöhnt. Nie bleibt uns Zeit, den Himmel zu sehen, und wir vergessen allmählich, dass es einen Himmel gibt.

Dunkelheit ist uns Normalität geworden und unsere Sehnsucht, frei zu sein, wenn wir endlich befreit sind von Arbeit und Routine, ist erloschen.

Wir wähnen dabei stets, unser Bestes zu geben.

ENTFREMDUNG

Sie ist nicht Schicksal

Die mit Abstand interessanteste Thematik bei Karl Marx ist die Entfremdung des Arbeitnehmers von sich selber durch die Arbeit. Sie ist brandaktuell. Omnipräsent. Ein einfaches Zitat bringt es auf den Punkt:

Der Arbeiter legt sein Leben in die Arbeit; aber nun gehört es nicht mehr ihm, sondern der Arbeit. Es gibt dem nichts beizufügen. So leben wir heute. In diesem Verhältnis funktioniert unsere Gesellschaft. Und da sie nach diesem Satz funktioniert, drückt genau dieser Satz ein großes Tabu aus. Was zum Grundbau, zur Grundfestung einer Gesellschaft gehört, was sie im Innersten zusammenhält, kann und soll nicht in Frage gestellt werden. Grundpfeiler müssen stehenbleiben. Sonst bricht alles zusammen. Nichts mehr ist sicher.

Instabilität und Unordnung wollen wir nicht. Das können wir nicht gebrauchen. Also akzeptieren wir den Satz von Marx als Regel. Wir nehmen das Opfer auf uns. Wir zementieren unser Dasein in diesem Wechselspiel, das unsere Verneinung fordert, zugunsten des materiellen Wohlstands und eines guten Lebens.

Hier nun setzt unser Lügen ein, unsere Entfremdung. Nicht das Ausführen der Arbeit, das Arbeiten selbst, entfremdet uns, sondern das Tabu, das Wegschauen, das Nicht-wahrhaben-Wollen, das Nicht-in-Frage-Stellen dieses Verhältnisses, das unsere Verneinung fordert. Das

So-tun-als-ob entfremdet uns, das Schauspielern. Und sind wir das nicht? Große Schauspieler? In einem Spiel, jedoch, das uns übel mitspielt, das uns keine Freude bringt, das unseren Schaden in Kauf nimmt. Wir sind dumme Schauspieler, wenn wir dieses Spiel bis in alle Ewigkeit weitertreiben.

Es gibt keinen Zweifel: Marx' Satz benennt die Krankheit unserer Gesellschaft, die große Malaise, die wir in uns tragen, die wir nie aus uns hinausschwitzen. Und wir reden über einhundert andere Dinge, nur um nie von ihr zu reden, sie, die wir unbedingt aus uns hinausbringen sollten. Um endlich gesund zu sein. Um Kraft zu gewinnen. Um in unser Leben richtig einzutauchen. Um an der Welt teilzuhaben.

MACHTMORAL

Von der Ungleichheit in der Gesellschaft

Einem Arbeiter, einem einfachen Angestellten bleibt nur sein Körper. Er ist ausgeschlossen von Bildung, Wohlstand und Ansehen und ist dadurch weitestgehend machtlos.

Sein Körper, aber, das Einzige, was er noch hat, wird abgenutzt und zerstört durch die Arbeit. Es bleibt ihm nichts mehr. Er hat in einem Machtverhältnis alles verloren.

Dieses Machtverhältnis definiert, dass einige beschützt und andere beschädigt werden.

Die Ortung des Mächtigeren, in diesem Falle, ist nicht einfach. Ist es der Vorgesetzte, der Arbeitgeber, sind es die gesellschaftlichen Verhältnisse?

Die Aufgabe der Philosophie und der Soziologie muss sich darauf beschränken, Machtverhältnisse ins Licht zu stellen. Sie können nicht gesellschaftliche Lösungen anbieten. Es gibt diese Lösungen nicht. Es gibt die Lösung für den Einzelnen und die liegt in seiner inneren Kraft ...

Der Zwang der Gesellschaft, das eiserne Gesetz, dass der Einzelne sich in sie einfügen *muss*, wenn er überleben will, der Gedanke der absoluten Unmöglichkeit eines Auswegs aus diesem Zwang beschäftigt einen täglich, ununterbrochen. Er bildet das Rückgrat fast der gesamten Wahrnehmung der Welt und der Mitmenschen, zu jeder Stunde.

IM DIENST DER GESELLSCHAFT

Täglich ein wenig Fantasie abgeben

Im Dienste der Gesellschaft leben.

Man muss sich einmal vor Augen führen, welche Heuchelei in diesem Satz steckt, welche Anbiederung, welche Konformität.

Es ist möglich, sogar sehr wahrscheinlich, dass ihn einige glauben, dass es viele gibt, die ihn ernst nehmen, ihn als Pflicht begreifen. Man muss dazu weitgehend ohne Revolte sein.

In Spannung zur Gesellschaft leben – diese Spannung immer zu suchen –, um der Gesellschaft etwas Eigenständiges zurückzugeben. So scheint mir der Satz richtig.

Menschsein bedeutet eine Aufgabe – und damit ist nicht gemeint, ängstlich sein Leben zu fristen und darauf bedacht zu sein, möglichst unbescholten und unauffällig über die Runden zu kommen – sondern etwas in der Gesellschaft, in der man lebt, zu *bewegen*.

Es bieten sich drei Wege an, dies zu erreichen:

Entweder ist unser Wort mächtig oder unsere Kunst; oder wir engagieren uns politisch.

Nicht wahr – Entfremdung von uns passiert in uns. Sie hat ihren Ursprung in einer Lüge vor uns selber. Wir gewöhnen uns an diese Lüge nicht nur, wir glauben sie als unsere Wahrheit. Wir unterschätzen oder vergessen dabei, was wir an Fantasie daran preisgeben.

Welche den obigen Satz – im Dienste der Gesellschaft leben – ohne Revolte annehmen, werden auch diesen annehmen:

Alt werden bedeutet nichts anderes, denn täglich ein wenig Fantasie abzugeben.

LEISTUNG

Von einer Kränkung und Beleidigung für uns alle.

Was ist Leistung genau?

Das Ausführen einer fremdbestimmten, durch die Sache bestimmten, Arbeit? Die Umsetzung einer eigendefinierten Arbeit? Ist Leistung Arbeitszeit absolvieren oder geistige Wendigkeit beweisen? Ist Leistung das Führen oder Betreuen von Personen? Oder ist Leistung eine Idee? Ist Leistung ein wissenschaftliches Erforschen von Zusammenhängen auf einem Gebiet? Oder ist Leistung eine monotone, repetitive Bewegung?

Vieles ist Leistung, aber nicht alles ist bezahlte Leistung. Ist es somit keine Leistung mehr? Kaum jemand würde ernsthaft behaupten, Leistung definiere sich über Entlohnung. Mit Leistung soll ein *persönliches Engagement* einhergehen. Dann aber ist Arbeitszeit absolvieren und fremdbestimmte Arbeit ausführen keine Leistung mehr? Das, was wir alle tun, täglich, über manche Jahre hinweg, was ist das denn?

REALITÄT

Resignation und Visionslosigkeit

Sagt einer zu einem Philosophen: „Aber das ist die Realität!"

„Was? Das Statistiken-Bearbeiten, das Präsentationen-Vorbereiten, das E-Mail-Beantworten, die Termin- und Sitzungsplanung?", erwidert der.

„Das ist Volkswirtschaft!"

„Eine bescheidene Realität! Aber Sie haben Recht. Mehr darf man nicht erwarten von ‚normalen' Leuten. Armselig und trostlos wird es erst, wenn unsereiner, die Philosophen, in ihrem Diskurs dieselbe Realität erraten lassen. Das grenzt an Verrat."

„Warum? Trauen Sie der Philosophie mehr zu?"

„Aber natürlich! Philosophie ist Kraft, muss Kraft sein! Sonst ist sie nicht legitim. Das unterscheidet sie von der Realität, die Sie erwähnen."

FLUCHT

Es ist nicht schwer, sich anzupassen,
wenn man keine Fantasie hat.

Wer wirklich frei sein will – gedanklich frei –, muss Zeit haben, seinen Gedanken nachzugehen. Da stört ein Job, der ablenkt, nur. Anders gesagt: Gedanklich frei sein und gleichzeitig einem anspruchsvollen Job nachgehen geht nicht zusammen. Entweder tut man das eine oder das andere.

Die meisten tun das andere. Sie gehen dem anspruchsvollen Job nach. Sie flüchten sich in die Arbeit. Und eine Flucht ist es zweifellos. Eine Flucht von sich selber hin zu einer Aufgabe, die von außen vorgegeben und definiert ist. Man macht sich nützlich, man bringt sich ein – mangels besseren Wissens. Wovon hier die Rede ist? Von Entfremdung: Sich selber fremd sein, sich selber nicht kennen. Und sich fremd fühlen in der Realität, in der man lebt. Denn ein anspruchsvoller Job ist kein Zuhause. Es ist also ein Fremdsein überall und stets, ein Nicht-zuhause-Sein, nirgends, nicht in der Welt und nicht in sich selbst.

WAS UNS BELASTET

Zeitraub

Wir verbringen einen großen Teil unserer Zeit am Arbeitsplatz, wenn wir doch ganz anderes tun sollten: einen Menschen sehen, der keine Ewigkeit mehr mit uns lebt. Jemanden treffen, der uns wichtig und teuer ist. Ein erbauliches Gespräch führen.

Einst wird es dazu zu spät sein, wir wissen dies. Es wird dann nicht mehr möglich sein. Und dennoch nehmen wir es auf uns.

Falsches Tun und dabei das Richtige verpassen. Es zieht sich durch unser Leben und bestimmt unser Leben. Immer woanders sein als dort, wo unser Sein sinnvoll ist und weiterführt, immer woanders denken als dort, wo wir zuhause sind, auf der Höhe unserer Aufgabe.

Wir lassen die richtige Priorisierung zu lange schleifen und verlieren sie dabei allmählich aus den Augen. Wir lösen uns schleichend auf in der Zerstreutheit, der Zerfahrenheit, in der Zeitverschwendung.

Wie Taucher unter Packeis sind wir. Wir haben uns treiben lassen, für einen kurzen Moment nur. Nun fehlt uns die Orientierung. Es eilt. Wir haben kaum noch Luft und müssen auftauchen.

Dort, am Horizont schimmert ein blaues Licht. Wir ahnen, wir sind woanders hergekommen. Dennoch schwimmen wir hin mit den letzten Reserven und der törichten

Hoffnung, einen Ausgang zu finden. Aber es gibt keinen Ausgang dort. Es war nie ein Ausgang dort ...

VON EINER UNFÄHIGKEIT

Ich glaube daran, dass es ein gesellschaftliches Befinden
gibt. Zurzeit signalisiert es Krankheit.

Wie können wir, wir von uns Entfremdete, solidarisch sein mit anderen? Es ist dies nicht möglich. Solidarisch sein heißt: treu sein, verlässlich sein. Das sind wir nicht, wenn wir uns an unsere Arbeit verlieren. Um solidarisch zu sein, müssen wir uns selber gut kennen, müssen wir wissen, wer wir sind. Wie aber sollen wir wissen, wer wir sind, wenn wir unsere meiste Zeit auf unseren Job ausrichten, wenn wir unseren Ehrgeiz so entwickeln, dass er auf unsere Tätigkeit passt, wenn wir unsere Persönlichkeit beschneiden um unserer Arbeit willen?

Jetzt fehlt nur noch jener, der meint: Wir nehmen uns zu wichtig. Was heißt denn, uns kennen? Seien wir froh, dass wir eine Arbeit haben.

– Das ist Entfremdung, das ist nicht solidarisch sein.

REALITÄTEN

Die Realität ist einfach, sie ist nicht kompliziert.
Sie voll anzunehmen ist kompliziert.

Die Zustände, die armselig machen, wie Siegfried Kracauer in *Die Angestellten* sagt, finden sich noch heute in der Arbeitswelt. Nur gibt es in unseren Tagen keine gesellschaftlichen Utopien mehr, die auf eine Lösung hinweisen. Jene Armseligkeit ist ein Problem des Einzelnen, das er allein löst oder nicht löst.

Man kann nun schon sagen, die Realität eines jeden ist seine selbstgezimmerte Limitierung auf diese Realität. Allerdings ist mit dieser Aussage nichts gelöst.

Sich mit der Realität abzufinden, vermeidet das Unglücklichsein. Seine Ziele dort anzusiedeln, wo sie nicht erreichbar sind, macht unglücklich.

Mit dieser Aussage ist noch immer nichts gelöst. Sie macht aber deutlich, dass es in dieser Thematik keine einfache Lösung gibt, weder gesellschaftlich noch individuell.

Positiv umformuliert, könnte man aber sagen, ist dieses Spannungsverhältnis, für den einen oder anderen, Quelle zu einem existentialistischen Statement, das auch andere interessieren könnte.

Diese Spannung kommt daher, dass wir nicht so einfach sind, wie unsere Realität es ist.

PHILOSOPHEN

Kein Philosoph ist berufen,
dem Arbeitenden eine Stimme zu geben.

Philosophen sind bürgerlich. (Welcher Philosoph, von Hegel über Nietzsche, den Vertretern der kritischen Theorie bis Foucault, kam nicht aus bürgerlichen Verhältnissen und/oder machte keine universitäre Karriere?) Sobald sie Anspruch stellen auf eine politische Umsetzung ihrer Ideen für die ganze Gesellschaft, treffen sie den Sachverhalt nicht. Eine Philosophie für die Arbeitnehmer, die Arbeiter- oder Angestelltenklasse, muss von ihr selber kommen. Nun aber sind die Arbeitenden, die Angestellten stumm. Sie reden nicht für sich selber. Sie verwenden ihre Zeit und Energie in ihre Arbeit.

Also reden wiederum bürgerliche Philosophen für sie, über ihre Köpfe hinweg, und daher nicht für sie, sondern für ihresgleichen und für sich. Der große Teil unserer Gesellschaft, die Arbeitnehmer, ist durch keine Stimme vertreten, allein und auf sich selber gestellt.

Philosophie ist die Beschäftigung einer Elite. Das ist so weit unproblematisch, solange sie „der Wahrheit" verpflichtet ist. Eine aufgedunsene Sprache aber verschleiert die Wahrheit, die mitunter sehr einfach ist. Philosophen verkennen ihre Aufgabe, begehen einen Übergriff im Bezeugen ihres elitären Charakters mit dem Entrücken der Schlichtheit in Verzierungen.

Eine Frau, vielleicht um die vierzig, hat sich schön gemacht für ihre Arbeit. Um 4 Uhr morgens trägt sie volle Kisten zu den Wagen für den Abtransport. Sie verübt ihre Arbeit mit einem Lächeln und mit Stil.

Das ist die Realität dieser Frau. Das ist, was es sie kostet. Wir sind Zeugen ihrer nacktesten Wirklichkeit.

So soll auch das sein, was ein Philosoph redet. Ein Gedankenkonstrukt, eine schmucke Sprache entlastet ihn nicht und entlastet niemanden; es erreicht die Farb-, Wort- und Schmucklosigkeit der Wirklichkeit nicht …

GESICHTER

Und dann, wenn einer korrupt ist, staunt man darüber. –
Man sah es ihm doch immer an.

– Schau in ihre Gesichter! Was siehst du?

– Sie sind krank, dekadent, voller Komplexe, verlogen, verlegen, müde, verbraucht, bedürftig.

– Was erwartest du? Dass diese Menschen Energie haben, anderen etwas zu geben? Sie vermögen sich selber nichts zu geben – und sie bräuchten so viel.

– Am meisten sich selber zurück! Es ist nicht leicht, sich nicht korrumpieren zu lassen durch die Welt. Wer kann schon von sich behaupten, dass ihm das vollständig gelungen sei?

– Was erwarten wir? Wie können wir einen anderen lieben, wenn wir so sehr entfremdet sind von uns selber, dass wir uns krank machen lassen durch ein System – und dass wir dies akzeptieren, dass wir uns dem fügen, dass wir es sogar als legitim und richtig empfinden?

– Dies ist unmöglich! Einen anderen lieben können wir nur aus der Reserve, aus der Kraft, aus der Gesundheit heraus.

– Und wann sind wir gesund?

– Wenn wir einen Weg finden, unsere persönliche Macht auszubauen, das heißt, wenn wir inspiriert sind.

– Was glaubst du? Gibt es solche Glücklichen? Solche Schicksalsverschonten und Unkorrumpierten?

– Darüber gibt es nicht den leisesten Zweifel. Ja, es gibt sie! Wir nennen sie Existentialisten. Das aber sieht man ihnen nicht an.

FREMDBESTIMMUNG UND OPPOSITION

Auch wenn wir fremdbestimmt sind, wir werden uns nicht damit versöhnen und immer daran denken, uns in die Opposition hineindenken, unentwegt.

Ich wohne gerne im Zürcher Langstrassenquartier. Es leben hier unterschiedliche Menschen, Leute, die kaum Deutsch reden, Arbeiter, Künstler, auch Süchtige und Randständige. Die meisten von ihnen wollen in der Gesellschaft bestehen, gehen einer Arbeit nach, um ihre Miete zu bezahlen. Sie passen sich an, lassen sich fremdbestimmen und beklagen sich kaum darüber. Unter ihnen trifft man glücklicherweise kaum jene, welche meinen, etwas richtig zu machen, richtiger als andere. Das ist ein Charakterzug, leider sehr schweizerisch, auf den niemand stolz sein kann. Wer davon ausgeht, dass er vieles richtiger macht als andere, traut diesen anderen nicht. Mit dem Besserwissen geht Misstrauen einher. Wir Schweizer schaden uns mit diesem Charakterzug. Wir verpassen viel und wir isolieren uns. Wir reden nicht mehr mit anderen. Wir meinen, es bringe uns nichts. Dabei sind wir genauso fremdbestimmt wie sie. Aber wir glauben es nicht.

Nicht wahr – niemand zwingt uns, mitzumachen und typische Schweizer zu sein. Wir können jederzeit in die Opposition gehen. Wir können uns jederzeit eingestehen, dass unser Leben fremdbestimmt ist, dass es ein falsches

Leben ist, da es uns kaum etwas abverlangt. Ein Leben, der Norm angepasst, wird nie seine vollen Kräfte entwickeln. Es wird genauso viel tun, als nötig ist, um es bequem und ruhig zu haben.

Wenn wir unsere Fremdbestimmung aber nicht eingestehen wollen, wenn wir davon ausgehen, dass wir es besser wissen, dass wir unser Leben im Griff haben und es sich hier um eine ideologische Lüge, um einen Manipulationsversuch handelt, werden wir Opposition nicht anstreben. Uns fehlt die Einsicht dazu.

Die Menschen im Langstrassenquartier geben mir Hoffnung. Ich glaube, dass nicht wenige unter ihnen zur Opposition fähig sind. Ihre Fremdbestimmung ist für sie ein notwendiges Übel, aber nicht unüberwindbar. Sie sitzt ihnen nicht so tief, denn sie kommen aus anderen Gesellschaften, aus anderen Kulturen. Sie kennen andere Lebensformen und sie kennen Lebensbrüche.

Wie nun aber soll Opposition aussehen? Damit ist nicht gemeint eine politische Versammlung, die auf der Straße ihre Rechte einfordert. Oder eine Gruppierung von Häuserbesetzern und Sachbeschädigern. Wir reden hier nicht von Menschen, die radikale Ideologien verkünden und diese gar mit Gewalt durchsetzen wollen. Das alles ist nicht Opposition, sondern Kundgebung einer Kritik, einer Bestandsaufnahme von Malaise, ein Offentreten von Ohnmacht oder Aggression. – Aber ohne weiterführende Lösung. Die Opposition geht weiter. Sie *ist* Lösung.

Opposition ist ein Gedanke, eine Einstellung, eine mentale Disposition, die sich nie mit der Fremdbestimmung abfinden will. Es gibt keine Versöhnung mit dem falschen

Leben, es gibt nur ein immer wieder neues Streben nach einem richtigen Leben. Das ist Opposition.

Im Besserwissen, im Tabuisieren, im Nicht-wahrhaben-Wollen, im ängstlichen Misstrauen zementieren wir unsere Gleichförmigkeit. Wir bewegen uns nicht. Nichts verändert sich. Ewig fort bleibt das Alte bestehen. Etwas Neues, auch wenn es für uns gut ist, kommt, da wir es nicht kennen, nicht in Frage.

Der Gedanke der Opposition beflügelt und belebt uns. Opposition gibt unserem Dasein Dynamik. Unsere Haltung in der Opposition gibt uns die Freiheit, uns unser Leben anders vorzustellen. Wir können uns über diesen Gedanken mit anderen austauschen, wir können ihn teilen. Wir sind nicht alleine. Wir sind nicht alleine fremdbestimmt. Opposition gibt uns die Kraft, dem anderen die Hand zu reichen und zu sagen: Ich verstehe dich, ich erkenne dein Leiden. Mein Leben ist deinem ähnlich. Opposition lässt uns der Welt offen begegnen, lässt uns die Sonne sehen. Wir sind guter Dinge. Und nie versöhnen wir uns mit der Idee, dass unser Spielraum klein sei und unser Wünschen vergebens.

SOZIALISATION UND MORAL

Entwertung aller Werte!

Ein in der Natur, in der Sonne und im Umfeld der Familie und Schule sozialisierter Mensch kann die Möglichkeit einer Sozialisierung im Netz kaum begreifen. Es ist dies ein weitgehend mentaler Prozess, ohne Sinneswahrnehmungen und unkörperlich. Es kommt ihm, dem traditionell Sozialisierten, vor wie eine freiwillige Gefangenschaft, ein frei gewählter Zustand eines Eingesperrten, bei dem nur mehr der Geist mobil ist. Es scheint ihm dies ein trauriger, misslungener Lebensentwurf. Denn der Mensch ist doch Körper und Geist in einem – nicht wahr? Körperliches und mentales Erleben sind gleich gewichtet. Das nennen wir Menschsein.

Wenn nun einer sagt, er sei in der Sonne sozialisiert worden, dann drückt er damit eine gewisse Distanz zum Menschengemachten aus. Seine Reserven liegen nicht in der Verbindung zu anderen, sondern in etwas, das er in sich oder in der Natur gewinnt. Andere sind nicht allein entscheidend für sein Empfinden und können ihm somit wenig anhaben.

Diese Distanz hat ein im Netz Sozialisierter nicht. Denn das Netz ist ja nichts, außer Menschengemachtes. Alles, was ihn ausmacht und was er ist, bezieht er immer daraus. Seine Persönlichkeit formt sich in der ständigen Verbindung mit anderen – und gleichwohl hat er keine verlässliche Verbindung zu niemandem und zu nichts.

Es scheint dies eine vertrackte Situation für uns in der Sonne Sozialisierten und wir glauben uns auf der „guten" Seite, derjenigen, die noch „Glück gehabt" haben. Wir bekunden, allerdings, mit unserer Beurteilung der realen Begebenheit des Sich-im-Netz-Sozialisierens eine moralische Haltung. Wir begehen damit einen Übergriff. Moral kann in der Welt nichts verändern oder bewirken. Die Realität ist bereits an uns vorbeigezogen. Die Welt hat sich schon verändert. Auch die Gesellschaft und die Machtverhältnisse innerhalb der Gesellschaft verändern sich fortlaufend. Alles ist immer im Fluss. Es bringt nichts, zu moralisieren. Das Moralisieren ist bloß Bezeugung unserer Überforderung und Hilflosigkeit.

HUMANISMUS

Technik fördert unser Weiterkommen als Gesellschaft und nicht politische oder moralische Vorstellungen.

Michel Foucaults Aussage, Humanismus hindere uns weiterzukommen, die technische Welt sei die reale Welt, können wir so verstehen: Humanismus ist primär eine Moral, die uns ermahnt, anständig miteinander umzugehen. Wenn wir dies nun einem anderen sagen, dann verhalten wir uns wie ein Priester, der von der Kanzel predigt: Liebe deinen Nächsten, liebet euch.

Wir gehen anständig miteinander um oder nicht. Seinen Nächsten zu lieben, müssen wir einem anderen nicht vorschreiben. Als Grundlage unseres Zusammenlebens dient keine Moral, sondern etwas, das uns stärker bindet, das uns fasziniert: der technologische Fortschritt und die Möglichkeiten der Kommunikation, die sich daraus ergeben.

Denn was tut Moral? Sie kritisiert einen Zustand und mahnt zur Besserung. In welcher Form diese Besserung aber genau eintreten soll, sagt sie nicht. Sie bleibt primär Kritik. Dies aber reicht nicht.

Dass das bloße Anprangern von Missständen, unsere Entfremdung im Arbeitsprozess zum Beispiel, uns nicht weiterbringt, wissen wir heute. Es bewegt nichts. Es zementiert Missstände. Über die Kritik hinaus muss uns eine Lösung ins Auge springen zur Veränderung.

Später sagte Foucault: Unsere Macht über uns selbst reguliert unser Machtverhältnis zu den anderen. Er nähert sich damit dem Existentialismus Jean-Paul Sartres an, der sagt: Alles, was du bist, machst du aus dir. Erkenne und forme dich.

Dies ist auch Humanismus, und es ist ein Individualismus. Das Glück liegt in den Händen eines jeden. Uns Heutigen ist das sehr vertraut. Und gleichzeitig fasziniert uns der technologische Fortschritt. Foucaults Aussage aus dem Jahr 1966 trifft unsere Zeit. Unser persönliches Weiterkommen und technischen Fortschritt bringen wir zusammen. Es fällt uns dies nicht schwer. Aber das Erkenne-und-forme-dich ist auch eine Moral. Mach etwas aus dir, damit du für das Zusammenleben mit den anderen tauglich wirst. Eine Lösung, unsere Entfremdung zu überwinden, zum Beispiel, bietet diese Moral genauso wenig wie jede andere.

Die reale Welt ist eine technische Welt. Menschliches Weiterkommen bedarf eines technologischen Fortkommens. Und darin besteht vielleicht eine Lösung: In unserer Vernetzung, in unserem leichten Zugriff auf alles, im Durchbrechen unserer Isolation, im Erweitern unseres Wissens, im Ablegen der Vereinfachung, im mühelosen Befriedigen unserer Leidenschaft, frei von Moral zu sehen, liegt etwas, das wir wollen, zu dem wir hinwollen.

Diese Lösung können wir heute vorschlagen, wir können über sie reden. Lösungen kommen aus der realen Welt. Sie sind existent in der Welt. Sie sind nicht eine verbindungslose menschliche Fantasie, eine Utopie, eine Moral. Sie sind nicht etwas, das wir tun *sollten*, erreichen *sollten* – sondern etwas, das wir bereits haben. Sie liegen offen vor uns. Es ist an uns, sie zu sehen.

Wenn wir nun sagen, dass die Möglichkeiten für ein gutes Zusammenleben nicht schon gegeben und vorhanden sind, würden wir damit behaupten, nicht in der besten aller Welten, in einer Übergangszeit, in einem Provisorium zu leben. Eine solche Haltung, aber, bremst unsere Dynamik aus. Sie bedeutet Versöhnung mit der Resignation. Dies aber wollen wir nicht. Wir wollen uns komplett und nicht als Wesen in der Entwicklung wissen.

Und auch wenn wir genau dies sind, die Geschichte wird es uns anhaften, können wir uns damit nicht zufrieden geben, aus dem Machtanspruch heraus, uns voll ins Leben eingebracht zu haben.

KÖRPER UND TECHNIK

Licht und Dunkelheit

Das Leben ist primär körperlich. Die Sonne hat ihren Einfluss auf unseren Körper. Sauerstoff fließt durch ihn. Ob wir uns auf der Schatten- oder der Sonnenseite wähnen, ist durch unseren Körper bestimmt. Die Welt ist ein Körper, so wie die Gesellschaft, in der wir leben.

Nur die Technik, die unseren Alltag stark bestimmt, ist abstrakt. Wir existieren in unserem Körper und stellen uns der fortlaufenden Technisierung unseres Lebens. Ethik und ein Empfinden für Gerechtigkeit spielen in unserem Dasein kaum mehr eine gewichtige Rolle.

Welche Öde wir aber auf uns nehmen, wenn wir nur in Gedanken existieren, wissen wir, die wir den schmalen, lichtlosen Kanal ohne Ausgang, der immer enger wird und luftärmer, in unseren Albträumen erblicken. Wir müssen da durch, wissend, dass es nicht gehen wird …

Einsamkeit und Luftarmut sind körperlich und erdgebunden.

NIETZSCHE, HORKHEIMER UND FOUCAULT

Die Sonne sehen

Wir kennen Max Horkheimer und Michel Foucault als Geschichtsphilosophen und Anhänger der Idee eines von Unterdrückung „befreiten" Menschen ohne Ressentiments. Sie bilden zu Friedrich Nietzsche eine direkte Linie. Wir wähnen Horkheimer und Foucault mit Nietzsche nur nicht auf Augenhöhe, weil Nietzsche den befreiten Menschen, er nennt ihn Übermensch, in das philosophische Denken eingeführt hat. Seine Lösung ist dieser Übermensch. Horkheimers und Foucaults Lösung für den Menschen einer modernen Gesellschaft ist Nietzsche.

Was kann der Übermensch sein? Ein Wesen, das wieder mehr die Sonne denn sich selber sieht. Zuerst aber muss es sich selber gesehen haben.

Wir können davon ausgehen, dass ein Mensch, der in seinem intimen Leben, im Privaten, sich nicht als Opfer einer ihm überlegenen Macht empfindet und somit keinen Grund zu Ressentiments hat, auch in der Öffentlichkeit, im Umgang mit anderen, in der Arbeit, sich freier, offener, kooperativer und intensiver eingeben kann. Ressentiments, Folgen seiner Unterdrückung, hindern ihn in allen Bereichen, sein Bestes und Möglichstes zu geben, ja, sie hindern ihn daran, überhaupt etwas geben zu können.

Den Übermenschen dürfen wir uns als Einzelgänger vorstellen, der die Natur und die Nüchternheit, die Sonne und die Menschen liebt, aber keinen mehr denn einen anderen und auch nicht mehr denn die Erde. Sein unbedingtes Interesse gilt der Welt aus einer inneren Distanz, im Ungehorsam, ja, aber nicht im blockierenden Widerstand, im Stillstand. Er lebt frei von Ressentiments (einem moralischen Blick auf die anderen), was mit dem Begriff „Freisein" überhaupt gleichzusetzen ist.

Gibt es diesen Übermenschen?

Wir nennen ihn anders. Es ist kein Übermensch. Dies ist ein alt gewordener Begriff.

Wir nennen ihn Existentialisten. Er vertraut seiner Kraft. Er resigniert nicht; er akzeptiert weder Fatalismus noch eine im Hintergrund wirkende Macht der Vorsehung. Inspiration ist nichts Schicksal-Gegebenes, sondern das Produkt einer gewollten Disponibilität zur rechtschaffenen Arbeit. Der Existentialist baut auf seine persönliche Macht.

IM BUCHLADEN
(BEI DER WAHL EINES BUCHES)

Der Einzelne und die Norm

Warum Ludwig Hohl uns etwas sagen kann?

Er war ein aus der Gesellschaft Ausgeschlossener und verlor dabei nicht den Verstand. Nur solche können uns etwas sagen. Die anderen, die Nicht-Ausgeschlossenen, Nicht-Ausgestoßenen, sind Teil der Gesellschaft, leben in ihr, arrangieren sich in ihr und passen sich an. Wie sollen sie uns etwas sagen können, das wir nicht schon kennen? Wir müssen sie daher nicht lesen. Es bringt nichts. Jene zu lesen, aber, die ihr Zuhause vollständig in sich aufgeschlagen haben, bringt etwas.

Nicht wahr – das Individuum und die Gesellschaft, der Einzelne und die Norm; dieses Verhältnis ist eine zentrale Frage überhaupt. Nicht was die Norm ist, interessiert dabei. Wir kennen sie. Wir leben in ihr. Wir beobachten sie täglich. Solange wir uns korrekt verhalten und unsere Steuern und Rechnungen bezahlen, passiert uns nichts. Man lässt uns in Ruhe. Die Frage lautet: Wie lebt einer, der mit der Norm gebrochen hat? Hier wird es gefährlich. Die Gesellschaft ist brutal. Ein Ausschluss ist definitiv. Die Einsamkeit des Ausgestoßenen ist groß, sein Kräfteverschleiß enorm. Wie bleibt einer gesund, körperlich und mental, der mit der Norm gebrochen hat? Das ist die exakte Fragestellung. Hohl kann uns eine Antwort geben.

SICH EINEN NAMEN MACHEN

Vom Zementieren und Agieren

Ein Schriftsteller kann heute anonym seine Meinung und Haltung (zu Politik und Gesellschaft) kundtun auf Plattformen im Netz. Wenn er es dennoch vorzieht, seinen Namen auf einen Buchdeckel setzen zu lassen, vielleicht noch sein Portrait beizufügen, dann will er weniger seine Meinung und Haltung verbreiten, denn sich einen Namen machen.

Das wollen, in der Tat, die meisten. Nur müssen sie damit in Kauf nehmen, dass ihre Meinung und Haltung an ihren Namen geknüpft, gebunden, geknotet, gefesselt wird, auf lange Zeit hinaus.

Sie müssen dies auf sich nehmen, wissend, dass sich ihre Meinung und Haltung zwischenzeitlich ändern kann und ändern wird.

Mancher wird vielleicht zugeben, dass das öffentliche Festnageln des sich einen Namen Machens einen hohen Preis bedeutet.

Das anonyme Schreiben, hingegen, ermöglicht eine fortlaufende Aktualisierung der Weltwahrnehmung, ein Überprüfen und die Korrektur von Meinungen und Haltungen; es hält den Schreiber frei und ungebunden.

Nur – er macht sich dann halt auch keinen Namen.

Wir können dazu vielleicht Folgendes ergänzen:

Etwas *nötig haben* zu tun, ist wahrscheinlich beim Einzelnen durch seine Herkunft bestimmt. Genauer heißt es: Es nötig haben, vor anderen etwas zu tun. Es bleibt uns zu wünschen, dass wir diesen Druck durch Nachdenken überwinden können.

Ein freier Mensch hat es nicht nötig, vor anderen etwas zu tun. Das heißt nicht, dass er nichts mehr tut. Seine Motivation aber liegt in einem echten Interesse an der Sache und nicht darin, sich einen Namen zu machen.

FALSCHE WELT

Philosophie besteht weniger darin, die Falschheit der Welt auszusprechen, denn den Glanz, das Leuchten der Dinge zu orten.

Da geht einer hin, um Karriere zu machen, in der Meinung, sich damit auf bestmögliche Weise zu verwirklichen.

Dabei lässt er sich komplett entwaffnen.

Es gibt dazu zwei Alternativen:

1. Er kommt aus einer wohlhabenden Familie und wird Philosoph.

2. Er nimmt ein Leben als Outsider auf sich und schlägt sich mit kleinen Jobs durch, um Künstler zu sein.

Ist er aber weder Künstler noch Philosoph, hat er nichts in der Hand, das seine Entwaffnung verhindern kann. Seine Entpersönlichung wird stattfinden.

Es sei denn, er hält sich ein Rückzugsgebiet gewissermaßen als Hobby, auf einer theoretischen Ebene. Dies wird ihm aber vor Augen führen, dass er sich in einer unbequemen Situation befindet, die nicht entlastend, sondern belastend ist, da sie mit Unredlichkeit und Inkonsequenz seinerseits verbunden ist.

Aber selbst ein Philosoph und Künstler, als Outsider, das heißt in der Praxis den Rückzug lebend, kann oft nur feststellen, dass er in einer falschen Welt existiert und dass er nicht Teil sein will dieser falschen Welt. Dies aber nützt ihm wenig. Es ändert nichts an der Welt. Deswegen soll er ihre Falschheit nicht bloß anklagen; in und mit ihr zu leben in *Reibung,* in ständiger Revolte, in Opposition wird er einst als seine Aufgabe begreifen. Seine Produktivität mündet in ein positives Verhältnis zu seiner Revolte.

OPPOSITIONEN

Kunst und Politik

Künstlerische Opposition geht weiter denn politische Opposition. So weit meine Behauptung. Der politischen Opposition, dem Ungehorsam gegenüber politischen Institutionen, dem Staat, ermangelt es an Fantasie. Sich einen Staat zum Feinde zu wählen, zeugt von einem Zug zum Pathos und Größenwahn, von einem Machtanspruch, der, mangels persönlicher Macht, nur die Kulisse des ganz großen Publikums gelten lässt. Im Grunde ist der politisch Oppositionelle impotent. Es fehlt ihm am Werkzeug, über die Denunzierung und Kritik hinaus etwas zu schaffen.

Die künstlerische Opposition ist im Künstler natürlich gewachsen. Sie ist sein Naturell. Ein kreativer Akt bedingt des Künstlers Übersteigen des Zustandes bloßer Kritik und stellt eine Lösung dar. Seine Produktion und der Künstler sind original. Seine persönliche Macht ist intakt. Seine Unabhängigkeit muss er nicht beweisen in einem Akt des Größenwahns.

Nur durch Kunst können wir uns befreien. Als politisches Wesen bleiben wir stets gefangen. Es gibt politisch keinen Ausweg aus den gesellschaftlichen Bedingungen, in die wir hineingeboren werden. Politisch sind wir immer Teil eines Machtapparats. Durch den künstlerischen Ausdruck verschaffen wir uns die Freiheit, unsere Werte in einem privaten Bereich selber zu definieren.

Dass der Einzelne glücklich sei, liegt in seinem Ermessen. Es zu fordern für die ganze Gesellschaft, sind leere Worte. Die politische Gesellschaft kann dafür sorgen, dass die Grundkomponenten, auf denen der Einzelne aufbauen kann, gegeben sind: ein Einkommen, Gesundheit und Sicherheit.

Glücklich macht sich der Einzelne durch einen *kreativen Akt*, der in keinem direkten Zusammenhang steht mit seinem gesellschaftlichen Leben und somit gesellschaftliche Fragen mitnichten tangiert oder ausdrückt.

Die Orientierung an der Gesellschaft im „Kreativbereich" ist ein Gang in die Flachheit.

KUNST UND GELD

Geld ist Geld. Jeder kann es kaufen.
Kunst ist ein mentaler Prozess.

Künstler nach dem Geld zu sein, ist das eine. Es ist nicht schwer und wir müssen darüber kein weiteres Wort mehr verlieren.

Künstler zu sein vor dem Geld, verlangt Inspiration. Inspiration vor allem. Und damit ist das Wesentliche gesagt.

Jetzt kommt einer, redet zuerst von finanziellen Projekten, dann von einer gemeinsamen künstlerischen Arbeit. Er hat bereits verloren. Mit einer Unterstützung unsererseits wird er in keinem der beiden Projekte rechnen können.

Würde er bei der gemeinsamen künstlerischen Arbeit anfangen, wäre die Ausgangslage eine komplett andere.

Geld kann man kaufen. Es fordert kein besonderes Talent. Kunst verlangt ein rares Talent. Je nachdem, wie einer hier gewichtet, verkehren wir mit ihm – oder nicht.

Wer glaubt, Kunst kaufen zu können, verkennt Kunst – oder er begeht ihr gegenüber einen groben Übergriff, indem er sie der Macht des Geldes, also einer anderen, fremden Macht als der der Kunst inneliegende, unterstellen, unterordnen will.

Kunst ist nie einfach nur an sich, schön für sich, Beiwerk oder Schmuck. Kunst ist Kritik, Provokation. Kunst ist umstürzlerisch, ist engagiert. Kunst will aufbrechen und spalten. Kunst ist unbestechlich – und nicht käuflich. Die Haltung hinter dem Kunstwerk hat keinen Preis.

Wer Kunst mit Geld kaufen will, gesteht damit seine Machtlosigkeit ihr gegenüber ein – und gibt damit immerhin zu, ihre Macht erkannt zu haben.

INSPIRATION UND PRAGMATISMUS

Wahrheit und Zweck

Die Suche nach der Wahrheit oder das Nachspüren der Wahrheit ist nicht die Suche nach dem Nutzen.

Philosophie und Kunst spüren dem nach, was hinter der Realität an *Eigentlichem* vorhanden ist. Der Philosoph will wahre Beweggründe hinter menschlichem Verhalten erforschen. Metaphysik ist für ihn und den Künstler selbstverständlich, ihrem Naturell entsprechend eine inspirierende Beschäftigung. Sie suchen die Wahrheit zu erhaschen und auszudrücken.

Der Pragmatiker, der Stratege denkt und handelt zweckgebunden, lösungsorientiert. Er will richtige Wege einschlagen, um ein Ziel zu erreichen. Er ist berechnend, abwägend und geschäftstüchtig.

In der Abenddämmerung geht die Sonne hinter den Bergen unter; das ist das ewig Wahre, das Alte, das, was lange vor und nach uns ist, denkt der Philosoph. Der Strategin gelingt es, ihren unruhigen Sohn mit einem Kartenspiel abzulenken.

Pragmatismus und Inspiration sind gegensätzliche Begriffe. Sie führen zu ganz verschiedenen Lebenseinstellungen und -verläufen. Und doch erliegen der Philosoph und der Stratege derselben Versuchung:

Beide halten die Ton- und Wortlosigkeit, die Stille der Realität nicht aus. Sie neigen zur Belebung, zur Verklärung und Aufwertung der Realität, der Welt, um sie auszuhalten; eine Welt, die sodann in Geschwätzigkeit und voller Orchester erblüht. Sie berühren damit eine menschliche Grundangst, eine Ahnung: dass wir alleine sind und ohne Verbindung zu nichts ...

DIE UNVOREILIGE VERSÖHNUNG

Treue zur Philosophie bedeutet, es der Angst zu verbieten, dass sie einem die Denkfähigkeit verkümmern lässt.

MAX HORKHEIMER

Philosophie und Kunst, der Kern ihres Anliegens oder ihr Inhalt an sich, ist Widerstand, ist oppositionelles Denken.

Opposition lehnt gesellschaftliche Normierung entschieden ab; auch was im Namen der Kunst darin produziert wird. Philosophie und Kunst zielen auf „die Wahrheit". Das Entdecken dieser Wahrheit ist zugleich Ortung von Macht und Ausdruck von des Künstlers Kraftreserven in seiner Reibung an der Gesellschaft.

Philosophie interessiert sich für die Stärke dieser Kraft, für ihre Stabilität und Zuverlässigkeit.

Zur Stunde null, dann, wenn die Sonne still herunterscheint und der Widerstand gegen die Normierung und das Leben unter den Normierten schon lange andauert, steht allmählich deutlich eine Frage im Raum, nämlich die nach den Kraftreserven für ein solches Leben. Es braucht Kraft, zweifelsohne.

Die Frage nach den Kraftreserven also, gegenüber einer stillen Welt, die sich scheinbar mühelos weiterdreht. Es ist ein ungleiches Machtverhältnis.

Aber die Kraft zum Widerstand ist eigentlich gar nicht anzuzweifeln; sie ist ja *die Person selber*. Und es kann davon ausgegangen werden, dass sie so lange halten wird, wie die Person lebt.

Und wie ist es nun mit deiner Wahrheit?

Meine Wahrheit?

Das, was dich jeden Morgen im Spiegel anschaut und genau weiß, wie es um den Kern dieses Wesens gegenüber steht. Hat es Widerstand in sich und Treue? Vermag es die Sonne zu sehen? Hat es die Kraft zum Einzelgang in sich? Oder ist es ein ausgeschwemmtes Wesen? Kernlos, desorientiert, armselig und vereinsamt in der Anpassung? Deine Wahrheit, allein du kennst sie genau!

Aber wenn wir sagen können, auch im Unglück treu zu sein und das Ressentiment zu verbannen, dass wir damit das tun, was wir unbedingt tun müssen: die Idealisierung unseres Daseins, unserer Welt voranzutreiben und damit uns selber aus dem Schatten zu heben in ein gelingendes Leben.

E WIE ENTFREMDUNG UND EXISTENTIALISMUS

In der Welt souverän ist niemand. Aber lieben wir nicht gerade deswegen die Menschen?

Nicht wahr: Wir entfremden uns ja nicht nur der Arbeit wegen, obschon wir das gerne so auslegen und in der Arbeit den Schuldigen suchen. Aber dieser Reflex greift zu kurz.

Wenn wir durch eine Straßenschlucht gehen, die Häuserfassaden sind von der Sonne beschienen, und wir den Eindruck haben, nicht ganz in der Welt zu sein, nicht voll an dieser Realität teilzuhaben, Teil von ihr zu sein, dann hat unsere Entfremdung einen anderen Ursprung. Welchen? Das ist die Frage. Sie hat etwas mit dem urbanen Leben zu tun, könnten wir nun denken, mit dem Asphalt und den Autos, dem Beton, aus dem wir nie rauskommen. Wir wissen, es ist nicht das. Es ist etwas anderes: eine Art Schwermut oder Melancholie, etwas, das uns bedrückt, das uns leicht irritiert, das eine spontane Leichtigkeit dämpft. Gleichzeitig aber schärft es unsere Sinne, mobilisiert es in uns Bereitschaft, hinauszuhorchen, treibt es uns an zu einer Arbeit. Sofort, wenn wir es recht bedenken, können wir diese Schwermut akzeptieren als Grundsound unseres Daseins. Sie trägt uns reichlich Früchte zu.

SCHLUSSWORT

Einen belebten Text machen wir nicht. Er ergibt sich. Nicht wir diktieren ihn, sondern das, was uns aufdämmert. Und dies ist weniger eine intellektuelle Angelegenheit denn eine instinktive.

Wir Existentialisten messen uns am Heißen. Wir messen uns nicht am Lauwarmen oder Kalten. Warum? – Wir wollen fortkommen. Wir sehnen uns nach Lösungen. Und wir wollen uns selber in Hitze bringen und diese uns erhalten. Wir fürchten die Erkaltung, das Wegdriften vom Heißen. So verharren wir an den Bruchstellen, dort, wo das Lava austritt, und warten aufmerksam ...

– Was ein gutes Buch ist?

Am Ende steht bei Höderer:

1. *Es ist wahr.*
2. *Es hat Kraft.*
3. *Es ist kurz.*

Ich hoffe, liebe Leserin, lieber Leser, Ihnen ein solches Büchlein vorgelegt zu haben.

P. T.